这才是执行

办理执行案件必读

黄文柳◎主编

知识产权出版社
全国百佳图书出版单位
—北京—

图书在版编目（CIP）数据

这才是执行：办理执行案件必读/黄文柳主编. —北京：知识产权出版社，2024.5
（2025.9 重印）

ISBN 978-7-5130-9341-5

Ⅰ.①这… Ⅱ.①黄… Ⅲ.①法院—执行（法律）—中国 Ⅳ.①D926.2

中国国家版本馆 CIP 数据核字（2024）第 074730 号

内容提要

本书对案件执行领域常见的一般问题、疑难问题及部分查找执行财产的问题进行分析
和说明，以案例加点评分析的方式对案件执行工作中遇到的实务问题进行分析和解答，为
在案件执行工作中遇到此类问题的读者提供相应的法律解答及建议。本书内容共有五章，
分别为第一章司法拍卖相关实务、第二章刑事裁判涉财产部分执行、第三章不动产相关执
行实务、第四章常见执行问题、第五章那些看似不能执行的财产。

本书读者对象为执行案件当事人，从事案件执行工作的律师、法官，法律专业学生，
公司法务等。

责任编辑：张利萍　　　　　　　责任校对：潘凤越
封面设计：邵建文　　　　　　　责任印制：刘译文

这才是执行

办理执行案件必读

黄文柳　主编

出版发行：知识产权出版社 有限责任公司		网　　址：http://www.ipph.cn	
社　　址：北京市海淀区气象路 50 号院		邮　　编：100081	
责编电话：010-82000860 转 8387		责编邮箱：65109211@qq.com	
发行电话：010-82000860 转 8101/8102		发行传真：010-82000893/82005070/82000270	
印　　刷：北京九州迅驰传媒文化有限公司		经　　销：新华书店、各大网上书店及相关专业书店	
开　　本：720mm×1000mm　1/16		印　　张：14	
版　　次：2024 年 5 月第 1 版		印　　次：2025 年 9 月第 2 次印刷	
字　　数：230 千字		定　　价：78.00 元	

ISBN 978-7-5130-9341-5

编 委 会

主　编　黄文柳
撰稿人　黄文柳　廖可军　吴俞霞　吕奇文
　　　　阙浩博　邓　琪　廖振威　李　慧

生效法律文书的执行，是整个司法程序中的"最后一公里"，事关人民群众合法权益的及时实现，事关经济社会良性发展的诚信基础，事关司法权威及公信力的有效提升，事关营商及法治环境的持续优化。

广西万益律师事务所（以下简称万益律所）一直致力于呼吁、推动解决司法程序"最后一公里"的堵点。2023年，经本所律师建议，广西壮族自治区党委办公厅、自治区人民政府办公厅印发的《广西提质增效优化营商环境若干措施》中明确"优化执行指挥机制，拓展和整合财产查控渠道"，在制度上保障财产查控渠道的拓展和整合。

2020年7月，万益律所设立案件执行部，该部门是广西（甚至可能是我国）第一个在律师事务所单独设立专门办理执行案件的机构，全所全部涉执行的案件均交由案件执行部承办，举全所之力推动执行业务快速办结。其目的是，通过集约化运营，最大限度降低司法程序对企业生产经营造成的影响，助力企业纾困解难，进一步激发市场活力、促进社会诚信建设。

万益律所执行律师，在案件中实践探索，并记录成些许文字，几年下来，竟能汇编成册。这些文章，形式不一定合乎学术规范，内容可能因情势变更而欠缺参考价值，深度更不可能与严格意义的论文相提并论，但其在某种程度上反映了执行实务一线工作者在一定时期内的思考与选择。筛选部分，结集出版，除敝帚自珍、聊以自慰之外，对于同行、学子、研究律师的学者、自行申请执行的人民群众等，抑或有些参考的价值和借鉴意义。

凌斌

广西万益律师事务所主任

目 录

第一章

司法拍卖相关实务

"带租拍卖"和"去租拍卖"

黄文柳 吴俞霞

当债权人发现被执行人名下有房产时，就如同在茫茫沙漠中寻到一泓清泉，因为这极大地提高了实现债权的可能性。可是，如果某些房产上存在着租赁关系，那可真是清泉不清，无法解渴。带租拍卖会让部分潜在竞拍人望而却步，去租拍卖又有可能会被租户异议，增加讼累。那么，到底应该怎么处理呢？

一、先抵押后出租，执行标的上的租赁权不能对抗抵押权

黄某达与广西桂林某银行、桂林某农业科技有限公司、

秀某园大酒店等金融借款合同纠纷执行复议案

广西壮族自治区高级人民法院（2021）桂执复 149 号

【案情简介】

法院在执行申请执行人广西桂林某银行（以下简称某银行）与被执行人桂林某农业科技有限公司（以下简称某科技公司）、秀某园大酒店等金融借款合同纠纷一案中，对被执行人秀某园大酒店名下的房产和土地进行拍卖，成交后以涉案房屋所附租赁权对在先抵押权的实现有实质性影响，裁定除去租赁权。承租人黄某达不服，提起执行异议、执行复议。

● 法院认为：

复议申请人请求在租赁期内阻止向受让人移交涉案门面是否应予支持。首先，关于复议申请人与秀某园大酒店的租赁关系是否受抵押权影响的问题。秀某园大酒店将其涉案房产于 2016 年 1 月 27 日设定抵押权，抵押权人系某银行，该抵押权得到人民法院生效法律文书的确认，系有效的抵押担保。复议申请人与秀某园大酒店于 2019 年 3 月 29 日签订租赁协议，是在抵押权设立之后，根据《中华人民共和国民法典》（以下简称《民法典》）第四百零五条"抵押权设立前，抵押财产已经出租并转移占有的，原租赁关系不受该抵押权的影响"的规定，复议申请人与秀某园大酒店签订租赁合同，虽已按约支付租金，并实际占有使用租赁，但不能对抗设立在前的抵押权。其次，关于复议申请人请求在租赁期内阻止向受让人移交涉案门面是否应予支持的问题。根据《最高人民法院关于人民法院办理执行异议和复议案件若干问题的规定》（以下简称《执行异议和复议规定》）第二十七条"申请执行人对执行标的依法享有对抗案外人的担保物权等优先受偿权，人民法院对案外人提出的排除执行异议不予支持，但法律、司法解释另有规定的除外"的规定*，如前所述申请执行人对租赁物设立抵押在先，复议申请人设立租赁在后，而且该抵押效力得到法院民事调解书的确认，申请执行人对执行标的依法享有对抗案外人的优先受偿权，复议申请人请求在租赁期内阻止向受让人移交涉案门面，没有事实和法律依据。

▶ 律师解析

判断是否保留拍卖物上的租赁权的关键点之一在于租赁关系与抵押关系发生的时间先后顺序。若租赁合同签订在抵押权设定后，无论租赁合同是否合法有效，承租权是否合法存在，均不能产生阻却法院对抵押物强制执行的法律效果。且《最高人民法院关于人民法院民事执行中拍卖、变卖财产规定》（以下简称《拍卖、变卖财产规定》）第二十八条第二款规定，

---

* 本书所列法律规定均为撰写书稿时生效的法律规定，可能因法规修正与目前生效的法律规定条文序号有所差异。——编者注

拍卖财产上原有的租赁权及其他用益物权，不因拍卖而消灭，但该权利继续存在于拍卖财产上，对在先的担保物权或者其他优先受偿权的实现有影响的，人民法院应当依法将其除去后进行拍卖。

二、房产查封后设立租赁权，不能对抗执行房产受让人

长城公司与恩利公司、青岛罐头厂金融借款合同纠纷执行案
山东省高级人民法院发布九起执行异议、执行复议典型案例之八

【案情简介】

法院在执行申请执行人长城公司与被执行人恩利公司、青岛罐头厂金融借款合同纠纷一案时，裁定拍卖青岛罐头厂名下涉案土地使用权及地上建筑物，并发布公告，要求上述不动产的使用人在 30 日内迁出。承租人以对涉案财产享有租赁权为由向法院提出执行异议，要求对涉案财产带租评估、拍卖并停止要求迁出涉案财产。

◉ 法院认为：

涉案房产租赁合同签订之前，涉案房产已抵押给债权人，且已被法院查封。青岛罐头厂在涉案房产查封之后又将其对外租赁的行为，系对涉案房产设定权利负担阻碍执行的行为，不得对抗申请执行人。同时，该案申请执行人亦对涉案房产享有抵押权，该抵押权在先，涉案租赁在后，故应当依照《拍卖、变卖财产规定》第二十八条第二款规定，将阻碍在先抵押权实现的租赁权除去后进行拍卖。

▷ 律师解析

根据《执行异议和复议规定》第三十一条第一款的规定，承租人请求在租赁期内阻止向受让人移交占有被执行的不动产，在人民法院查封之前已签

订合法有效的书面租赁合同并占有使用该不动产的，人民法院应予支持。依据该条规定，以被查封的不动产为标的签订租赁合同，无论该租赁合同是否有效，因房产在出租前已被法院查封，权利人对不动产物权的行使已受限制，即所有权人在出租涉案房产前已丧失对该不动产的处分权，故房产查封后设立的租赁权不能对抗法院强制执行而受让该不动产的第三人。当事人应当在充分遵循市场规律的前提下与交易相对人建立经济关系，因本人审查不充分或预测不准确等原因而产生的交易风险应自行承担。

三、存在虚假租赁时应去租拍卖

被执行人丰圣公司借款合同纠纷执行案
2017 年全国法院十大执行案件之五——浙江缙云法院

【案情简介】

法院在执行申请执行人新碧信用社与被执行人丰圣公司等借款合同纠纷一案时，裁定拍卖丰圣公司名下房产。案外人浙江澳贝思新能源科技有限公司以其租赁房产在丰圣公司厂区内，租赁时间发生于抵押、查封之前，且租期未满为由向法院提出执行异议，请求带租拍卖涉案房产。

● **法院认为：**

法院在执行被执行人厂房时，对异议人主张的租赁权是否予以保护应从租赁合同的真实性，租赁合同是否签订于涉案厂房抵押前，案外人在抵押前是否已依据合同占有厂房至今等方面综合审查。案外人与被执行人丰圣公司签订租赁合同在案涉厂房设定抵押之前，但其用于支付租金的承兑汇票均无其背书转让记录，被执行人丰圣公司取得部分承兑汇票的时间在租赁协议签订 5 个月之前；案外人未到工商行政管理局办理租赁备案登记，未向税务部门缴纳厂房出租相关税款，以上行为都有悖常理。综上，本院认为案外人与被执行人丰圣公司租赁关系系虚假，不能排除法院强制执行。

▶ **律师解析**

实践当中，被执行人通过虚假租赁逃避执行的情况屡见不鲜，根据《执行异议和复议规定》第三十一条的规定，案外人以对涉案财产享有承租权排除法院强制执行的，需要在涉案财产被查封前且不存在担保物权等优先权益的情况下签订合法有效的租赁合同并实际占有，该"实际占有"系实质上而非虚拟或形式上的占有，占有使用应具有稳定性、充分性。因此，申请执行人对于案外人提出的异议，可从几个方面进行审查并提出抗辩：（1）租赁合同是否在抵押权等担保物权设立前或法院查封前签订；（2）是否长期、稳定地实际占有使用涉案房产；（3）结合涉案房产的位置、商业价值、使用价值等判断与实际用途是否相符、支付的租金是否匹配、与商业惯例是否相悖等。

结　语

"带租拍卖"与"去租拍卖"都是"买卖不破租赁"原则在执行阶段的延伸概念。司法拍卖程序中，执行法院应对拍卖财产是否存在租赁权负担进行必要的调查，并在拍卖时公开具体的相应信息。是否"带租拍卖"往往是社会公众决定是否参与竞拍的重要因素，"带租拍卖"将降低潜在竞买人参与竞拍的意愿且最终影响成交价格，不利于保护执行当事人和竞拍参与人的合法权益。

因此，无论是"带租拍卖"还是"去租拍卖"，为维护自己的合法权益，申请执行人或案外人均可依法向执行法院提起执行异议，若对异议裁定不服，可依法提起执行异议之诉。

"带租拍卖"和"去租拍卖"对债权人实现债权影响巨大，如您申请执行债权时遇到存在租赁权的执行标的，可依上述思路依法维护自己的合法权益。

相关规定

《最高人民法院关于人民法院民事执行中拍卖、变卖财产的规定》（2020年修正）

第七条　执行人员应当对拍卖财产的权属状况、占有使用情况等进行必要的调查，制作拍卖财产现状的调查笔录或者收集其他有关资料。

第二十八条 拍卖财产上原有的担保物权及其他优先受偿权，因拍卖而消灭，拍卖所得价款，应当优先清偿担保物权人及其他优先受偿权人的债权，但当事人另有约定的除外。

拍卖财产上原有的租赁权及其他用益物权，不因拍卖而消灭，但该权利继续存在于拍卖财产上，对在先的担保物权或者其他优先受偿权的实现有影响的，人民法院应当依法将其除去后进行拍卖。

《最高人民法院关于人民法院办理执行异议和复议案件若干问题的规定》（2020 年修正）

第三十一条 承租人请求在租赁期内阻止向受让人移交占有被执行的不动产，在人民法院查封之前已签订合法有效的书面租赁合同并占有使用该不动产的，人民法院应予支持。

承租人与被执行人恶意串通，以明显不合理的低价承租被执行的不动产或者伪造交付租金证据的，对其提出的阻止移交占有的请求，人民法院不予支持。

法拍房便宜，但您知道悔拍的法律后果吗？

黄文柳 吕奇文

近年来，随着民众对法拍房的认知和接受度的不断增加，参与法拍房竞买的情况有所增加，但是随之而来的问题也不断增加，有的竞买人竞拍成功后由于各种原因，不想要房子了，不支付竞拍尾款，向法院申请退回竞拍保证金，结果是保证金不仅被法院予以没收，还被法院要求补交重新拍卖价款低于原拍卖价款的差价。这到底为哪般？欲知端详，请跟我们一起重温以下案例，看看悔拍的法律后果吧。

侯某强、日照岚山农村商业银行
股份有限公司执行审查类执行裁定书
山东省日照市中级人民法院（2021）鲁 11 执复 13 号

【案情简介】

日照市岚山区人民法院在执行申请执行人日照岚山某银行、被执行人日照某食品有限公司等金融借款合同纠纷过程中拍卖涉案房产，该法院在淘宝网启动第一次拍卖，侯某强交纳保证金 5 万元参与竞拍，经竞价后由侯某强竞得，成交价格为 77 万元。拍卖成交后，侯某强以无法办理银行贷款为由，未按拍卖公告规定的时间支付剩余价款。法院重新进行拍卖，该房产以 68.8 万元成交。后法院以侯某强悔拍为由通知其不予退还已交纳的保证金 5 万元，并责令侯某强补交房屋成交差价款 3.2 万元。侯某强仍未在规定时间内缴纳差价，法院强制执行，冻结了侯某强银行存款 3.2 万元。

侯某强对该法院的执行行为不服提起执行异议，一审法院经审查后驳回其执行异议，侯某强不服向山东省日照市中级人民法院提出复议，二审法院经审查后驳回侯某强的复议申请。

◉ 法院认为：

（一）一审法院认为

法院发布的拍卖公告中已明确告知参与竞拍人应当对竞买标的物的实际情况自行确认、核准，而侯某强在未确认、核准的前提下参与竞拍，后又以案涉房产无法贷款为由拒绝支付剩余房款，侯某强应当自行承担未谨慎核实相关情况而贸然参与竞拍导致不能付款的不利后果。侯某强拍卖成交后未依法交纳剩余款项的行为应当认定为悔拍行为。根据《最高人民法院关于人民法院网络司法拍卖若干问题的规定》（以下简称《网拍规定》）第二十三条、第二十四条，《拍卖、变卖财产规定》第二十二条的规定，该院不予退还侯某强交纳的保证金 5 万元并要求其补交房屋成交差价款 3.2 万元的行为，并未违反相关法律规定。侯某强的异议理由不成立，应予驳回。

（二）二审法院认为

《网拍规定》第二十四条规定，拍卖成交后买受人悔拍的，交纳的保证金不予退还，依次用于支付拍卖产生的费用损失、弥补重新拍卖价款低于原拍卖价款的差价、冲抵本案被执行人的债务以及与拍卖财产相关的被执行人的债务。《拍卖、变卖财产规定》第二十二条第一款规定，拍卖成交或者以流拍的财产抵债后，买受人逾期未支付价款或者承受人逾期未补交差价而使拍卖、抵债的目的难以实现的，人民法院可以裁定重新拍卖。重新拍卖时，原买受人不得参加竞买。根据该规定，本案中，复议申请人侯某强在竞得案涉房产后悔拍，执行法院作出的关于侯某强交纳的保证金 5 万元不予退还，依次用于支付拍卖产生的费用损失、弥补重新拍卖价款低于原拍卖价款的差价、冲抵本案被执行人的债务以及与拍卖财产相关的被执行人的债务，并且在该院重新拍卖时，侯某强不得参加竞买的通知。

《拍卖、变卖财产规定》第二十二条第二款规定，重新拍卖的价款低于原拍卖价款造成的差价、费用损失及原拍卖中的佣金，由原买受人承担。……保证金数额不足的，可以责令原买受人补交；拒不补交的，强制执行。根据该规定，本案中，复议申请人侯某强以 77 万元的最高价竞得案涉房产后悔拍，执行法院将案涉房产重新拍卖并成交，买受人以最高价 68.8 万元竞得案涉房产，重新拍卖的价款低于原拍卖价款。执行法院作出的关于侯某强交纳的保证金 5 万元不足以弥补差价，责令侯某强补交房屋成交差价款 3.2 万元的通知正确。故复议申请人侯某强的复议理由不能成立，对其复议请求，本院不予支持。

▶ 律师解析

实践中，竞买人因为没有充分了解标的物现状、税费的承担以及银行贷款等问题导致悔拍，根据现行法律规定，悔拍要承担相应的法律后果。

一、保证金不予退还

《网拍规定》第二十四条第一款规定："拍卖成交后买受人悔拍的，交纳的保证金不予退还，依次用于支付拍卖产生的费用损失、弥补重新拍卖价款低于原拍卖价款的差价、冲抵本案被执行人的债务以及与拍卖财产相关的被执行人的债务。"该司法解释明确规定，竞买人在拍卖成交后悔拍的，保证金不予退还。

二、补足差价

《拍卖、变卖财产规定》第二十二条规定："拍卖成交或者以流拍的财产抵债后，买受人逾期未支付价款或者承受人逾期未补交差价而使拍卖、抵债的目的难以实现的，人民法院可以裁定重新拍卖。重新拍卖时，原买受人不得参加竞买。重新拍卖的价款低于原拍卖价款造成的差价、费用损失及原拍卖中的佣金，由原买受人承担。人民法院可以直接从其预交的保证金中扣除。扣除后保证金有剩余的，应当退还原买受人；保证金数额不足的，可以责令原买受人补交；拒不补交的，强制执行。"该司法解释明确规定，保证金数额如果不足以弥补重新拍卖的价款低于原拍卖价款造成的差价、费用损失及原拍卖中的佣金的，法院可以责令原买受人补交；拒不补交的，法院可以强制执行。当然该司法解释规定的是"可以"，不是"应当"，这属于法院自由裁量的事项，实践中也有的法院仅以保证金为限，不责令悔拍人补交差价，但竞买人仍需注意竞拍成功后悔拍的，会面临补足差价的法律风险。

律师提示

法拍房产或法拍物品虽然性价比很高，但请注意司法拍卖是一件非常严肃的事情，竞买人如有意在互联网司法拍卖平台上竞买拍卖物，应在竞拍前仔细阅读《拍卖须知》《拍卖公告》等材料，充分了解标的物的现状、拍卖成交后的税费承担，提前了解个人征信及银行贷款等情况，避免因悔拍而承担不利的法律后果和承担相应的法律责任。

流拍后不接受以物抵债如何处理？

黄文柳　廖可军

案件进入执行程序后，处置拍卖被执行人的财产是申请执行人能否实现债权的关键，实务中往往存在被执行人财产经过拍卖、变卖等法定程序仍未能成交，申请执行人又由于种种原因不愿意选择以物抵债的情况。在这种情况下，申请执行人该如何是好？我们通过实际案例和大家分享被执行财产经过拍卖、变卖等法定程序仍未能成交，申请执行人又不愿意接受以物抵债时的救济途径。

广西联壮科技股份有限公司、包某检股权转让纠纷执行复议一案

最高人民法院（2019）最高法执复37号

【案情简介】

贵州省高级人民法院（以下简称贵州高院）在执行包某检、方某与广西联壮股份有限公司（以下简称广西联壮公司）股权转让纠纷一案中，对广西联壮公司持有的贵州宏坤瑞矿业投资开发有限责任公司98%的股权进行拍卖，在两次拍卖均流拍后，对案涉股权进行变卖，但仍未成交。申请执行人后续申请法院对该股权重新进行评估拍卖，广西联壮公司对此提出异议。贵州高院依法驳回广西联壮公司的异议后，广西联壮公司向最高人民法院提出书面异议，认为重新评估会贬损该股权的实际价值，主张不应对被执行人持有的

案涉股权重新评估拍卖，应立即以变卖底价给予申请执行人抵债，减少执行额度。

◉ **法院认为：**

贵州高院在以网络司法拍卖方式处置案涉股权的程序中，依照《网拍规定》第二十六条的规定，在两次拍卖均流拍后，对案涉股权进行变卖，但仍未成交。对于变卖仍未成交情形下如何处置案涉股权的问题，《网拍规定》没有直接规定。

根据该规定第三十七条第三款和《最高人民法院关于认真做好网络司法拍卖与网络司法变卖衔接工作的通知》第七条的规定，对于《最高人民法院关于人民法院网络司法拍卖若干问题的规定》没有明确规定的问题，应按照相关司法解释和规范性文件依法处理。《拍卖、变卖财产规定》第二十八条第二款规定，人民法院处置财产，变卖不成且申请执行人、其他执行债权人仍不表示接受该财产抵债的，应当解除查封、冻结，将该财产退还被执行人，但对该财产可以采取其他执行措施的除外。该规定中的其他执行措施，包括执行法院可以根据市场的具体情况，在不存在过分拖延程序，损害被执行人合法权益的前提下，及时重新启动评估、拍卖程序。

因此，贵州高院在案涉股权经两次网络司法拍卖均流拍、经变卖仍未成交，且申请执行人拒绝接受抵债的情形下，根据市场价格变化，重新启动评估、拍卖程序，以实现案涉股权的公平变价，并未违反相关司法解释的禁止性规定。广西联壮公司要求必须退还案涉股权而不得重新予以评估、拍卖的主张，欠缺法律和事实依据，最高人民法院不予支持。

▶ **律师解析**

本案列举的是司法拍卖流拍后对于被拍卖财产的一种处置方式——重新评估拍卖。

司法拍卖中拍品流拍与拍品的实际价值、拍卖价格有直接联系，重新评估拍卖是解决该问题的最直接途径，但是否能重新评估拍卖目前没有明确的法律规定。从常理上来说，东西卖不出去应该继续降价卖就行了，但在司法拍卖中，拍品的定价及降价的幅度范围均有明确的法律规定，不可单纯以所谓常理视之。本案拍卖的是被执行人名下股权,根据《拍卖、变卖财产规定》(2020年修正)第二十五条第二款"第三次拍卖流拍且申请执行人或者其他执行债权人拒绝接受或者依法不能接受该不动产或者其他财产权抵债的,人民法院应当于第三次拍卖终结之日起七日内发出变卖公告。自公告之日起六十日内没有买受人愿意以第三次拍卖的保留价买受该财产,且申请执行人、其他执行债权人仍不表示接受该财产抵债的,应当解除查封、冻结,将该财产退还被执行人,但对该财产可以采取其他执行措施的除外"的规定,若债权人不接受以物抵债,则应当解除对财产的查封、冻结、扣押措施,但此处规定了"可以采取其他执行措施"的例外情形。《人民法院办理执行案件规范》(第二版)第五百五十一条第三款对该例外情形作了明确规定:前款中所指的"其他执行措施",可以包括强制管理,以及执行法院根据市场价格变化,重新启动(评估)拍卖程序,以及准许第三人以流拍价购买等。

通过以上案例,我们可以知道,司法拍卖流拍后,是可以申请法院对被执行的财产重新进行评估,再次启动拍卖程序,以保障申请执行人及其他债权人的合法权益的。

相关规定

《最高人民法院关于人民法院民事执行中拍卖、变卖财产的规定》(2020年修正)

第二十四条 对于第二次拍卖仍流拍的动产,人民法院可以依照本规定第十六条的规定将其作价交申请执行人或者其他执行债权人抵债。申请执行人或者其他执行债权人拒绝接受或者依法不能交付其抵债的,人民法院应当解除查封、扣押,并将该动产退还被执行人。

第二十五条 对于第二次拍卖仍流拍的不动产或者其他财产权,人民法院可以依照本规定第十六条的规定将其作价交申请执行人或者其他执行债权人抵债。申请执行人或者其他执行债权人拒绝接受或者依法不能交付其抵债的,应当在六十日内进行第三次拍卖。

第三次拍卖流拍且申请执行人或者其他执行债权人拒绝接受或者依法不能接受该不动产或者其他财产权抵债的,人民法院应当于第三次拍卖终结之日起七日内发出变卖公告。自公告之日起六十日内没有买受人愿意以第三次拍卖的保留价买受该财产，且申请执行人、其他执行债权人仍不表示接受该财产抵债的，应当解除查封、冻结，将该财产退还被执行人，但对该财产可以采取其他执行措施的除外。

《人民法院办理执行案件规范》（第二版）

第 551 条第三款　前款中所指的"其他执行措施"，可以包括强制管理，以及执行法院根据市场价格变化，重新启动（议价、询价、评估）拍卖程序，以及准许第三人以流拍价购买等。

拍卖被执行人财产获得的款项将如何分配?

黄文柳 吴俞霞

当一起执行案件中存在多个债权人时,被执行人的财产经过法院的拍卖、变卖等方式处置成功后,获得的款项将如何分配?哪些债权可以获得优先分配?哪些债权是按比例分配?如果您的脑海里也有很多问号,那就请跟随我们通过以下几个案例来了解一下吧。

福州中洲物业管理有限公司、陈某隆再审审查与审判监督民事裁定书

最高人民法院(2018)最高法民申 1478 号

【案情简介】

一审法院就拍卖被执行人新兴公司所有的房产所得拍卖款作出分配方案,明确分配原则为:(1)有抵押物尚未执行的,不参与本次财产分配;(2)执行费、当事人垫付的诉讼费、保全费、公告费、鉴定费先行支付;(3)根据《最高人民法院关于建设工程价款优先受偿权问题的批复》第二条的消费者保护原则,消费者为生活消费需要而购买住宅的购房退款,先行支付;(4)对享有担保物权的债权、判决确定的工程款优先受偿权,按新兴大厦地下一、二层所占整个大厦份额确定优先受偿比例;(5)所有参与分配的债权均计算生效判决确定的本金、利息及其他费用不计入参与分配的债权;(6)若有余额,普通债权按比例平均分配。

债权人中洲公司对分配方案不服，以其主张的债权系优先债权，应当优先受偿为由向法院提出执行异议，陈某隆、林某春对中洲公司的异议提出反对意见，中洲公司遂提起执行异议之诉。

● **法院认为：**

最高人民法院认为本案执行分配方案异议之诉是关于债务清偿顺序的争议。

《最高人民法院关于人民法院执行工作若干问题的规定（试行）》（以下简称《执行工作规定》）第八十八条规定："多份生效法律文书确定金钱给付内容的多个债权人分别对同一被执行人申请执行，各债权人对执行标的物均无担保物权的，按照执行法院采取执行措施的先后顺序受偿。多个债权人的债权种类不同的，基于所有权和担保物权而享有的债权，优先于金钱债权受偿。有多个担保物权的，按照各担保物权成立的先后顺序清偿。"第九十三条规定："对人民法院查封、扣押或冻结的财产有优先权、担保物权的债权人，可以申请参加参与分配程序，主张优先受偿权。"第九十四条规定："参与分配案件中可供执行的财产，在对享有优先权、担保权的债权人依照法律规定的顺序优先受偿后，按照各个案件债权额的比例进行分配。"

由此可见，在执行财产参与分配过程中享有优先受偿权的债权人为对执行标的物享有优先权和担保物权的债权人，其他债权人应在享有优先权的债权人完全受偿后再按比例进行分配。

本案中，福建省福州市鼓楼区人民法院作出的（2010）鼓民初字第4667号民事判决所确认的新兴公司欠付中洲公司的物业费并不属于法律规定的优先债权，即使中洲公司收取的物业费是用于向其雇佣的员工发放工资，也仅属于中洲公司与其员工之间的劳动关系，而不能据此认为该物业费属于新兴公司应承担的职工工资。因此，原审认为中洲公司的债权为一般债权，并驳回中洲公司的诉讼请求符合法律规定。中洲公司认为其收取的物业费债权应在执行分配方案中享有优先受偿权的申请理由，缺乏法律依据，最高人民法院不予支持。

异议申请人、利害关系人股权转让纠纷执行审查类执行裁定书
最高人民法院（2019）最高法执监59号

【案情简介】

　　荆州中院在执行王某与涂某喜、博雅公司、荆龙公司股权转让合同纠纷一案中，查封并拍卖了博雅公司、荆龙公司名下房屋及土地使用权和在建工程。胡某彪等债权人向荆州中院申请参与分配拍卖价款，荆州中院作出《执行财产分配方案》。胡某彪对《执行财产分配方案》不服，依法向荆州中院、湖北高院提出书面异议、复议，请求按照普通债权的比例对博雅公司涉案资产拍卖价款进行分配。后再向最高人民法院申诉。

● 法院认为：

　　关于本案能否适用《执行工作规定》第九十六条规定的问题，《执行工作规定》关于多个普通债权人对同一被执行企业法人申请执行的制度，是《最高人民法院关于适用〈中华人民共和国民事诉讼法〉的解释》（以下简称《民事诉讼法解释》）施行前适用的制度。依照当时的规定，对于被执行人为企业法人，其财产不足以清偿全部债务的，原则上应当按照执行法院采取查封措施的先后顺序受偿，但在被执行企业符合《执行工作规定》第九十六条规定的情形时，也可以参照被执行人为公民或其他组织的参与分配制度对普通债权按比例清偿。但由于《民事诉讼法解释》对此问题做了新的规定，明确对于未进入破产程序的企业法人应按照查封先后顺序对普通债权进行清偿，这实质上修改了《执行工作规定》第九十六条的规定，排除了参与分配制度对企业法人的参照适用。对于被执行人为企业法人的执行案件债权人而言，要么其在执行程序中按照查封先后顺序受偿债权，要么其通过破产程序按比例受偿债权。所以，本案无论博雅公司是否符合"歇业"的情形，均不应适用《执行工作规定》第九十六条的规定。因此，执行法院作出《执行财产分配方案》，对普通债权按照查封先后顺序清偿，并不违背《民事诉讼法解释》第五百一十六条规定精神，未损害申诉人胡某彪的合法权益。

律师解析

被执行人财产变现后，对于处置款项，有多个债权人参与分配的但又不足以清偿全部债权时，一般依照如下方式进行分配：

1. 先扣除执行费用

《民事诉讼法解释》（2022年修正）第五百零八条规定：参与分配执行中，执行所得价款扣除执行费用，并清偿应当优先受偿的债权后，对于普通债权，原则上按照其占全部申请参与分配债权数额的比例受偿。清偿后的剩余债务，被执行人应当继续清偿。债权人发现被执行人有其他财产的，可以随时请求人民法院执行。

2. 经确认享有优先受偿权的债权，优先清偿，同一顺位的优先债权按照比例分配

一般优先债权有抵押权、质押权等担保物权，建设工程款，消费者特殊保护，船舶优先权、刑事案件中人身损害赔偿中的医疗费用，破产企业职工工资等。《执行工作规定》第五十五条规定：多份生效法律文书确定金钱给付内容的多个债权人分别对同一被执行人申请执行，各债权人对执行标的物均无担保物权的，按照执行法院采取执行措施的先后顺序受偿。多个债权人的债权种类不同的，基于所有权和担保物权而享有的债权，优先于金钱债权受偿。有多个担保物权的，按照各担保物权成立的先后顺序清偿。一份生效法律文书确定金钱给付内容的多个债权人对同一被执行人申请执行，执行的财产不足清偿全部债务的，各债权人对执行标的物均无担保物权的，按照各债权比例受偿。

3. 对于普通债权，针对被执行人是公民或其他组织的，按照债权比例受偿

《民事诉讼法解释》第五百零六条规定：被执行人为公民或者其他组织，在执行程序开始后，被执行人的其他已经取得执行依据的债权人发现被执行人的财产不能清偿所有债权的，可以向人民法院申请参与分配。对人民法院查封、扣押、冻结的财产有优先权、担保物权的债权人，可以直接申请参与

分配，主张优先受偿权。

4. 对于普通债权，被执行人是法人的，按照财产保全和执行中查封、扣押、冻结财产的先后顺序清偿

《民事诉讼法解释》第五百一十四条规定：当事人不同意移送破产或者被执行人住所地人民法院不受理破产案件的，执行法院就执行变价所得财产，在扣除执行费用及清偿优先受偿的债权后，对于普通债权，按照财产保全和执行中查封、扣押、冻结财产的先后顺序清偿。

《最高人民法院关于执行案件移送破产审查若干问题的指导意见》第四条规定：执行法院在执行程序中应加强对执行案件移送破产审查有关事宜的告知和征询工作。执行法院采取财产调查措施后，发现作为被执行人的企业法人符合破产法第二条规定的，应当及时询问申请执行人、被执行人是否同意将案件移送破产审查。申请执行人、被执行人均不同意移送且无人申请破产的，执行法院应当按照《民事诉讼法解释》第五百一十四条的规定处理，企业法人的其他已经取得执行依据的债权人申请参与分配的，人民法院不予支持。

需要特别注意的是，2020 年修正的《执行工作规定》，已将原第九十条、第九十二条至第九十六条予以删除，因此对于被执行人为企业法人的，不论是否符合"未经清理或清算而撤销、注销或歇业"的情形，均不能按照各债权人的债权比例分配，应当按照《民事诉讼法解释》第五百一十四条的规定，要么申请被执行人企业法人破产，按照破产规定清偿；要么按照财产保全和执行中查封、扣押、冻结财产的先后顺序清偿。

结　语

针对债权的不同以及被执行人主体的不同，法律规定了被执行人财产变现后不同的分配规则，因此，债权人应在债权形成过程中或得到确认过程中，积极采用不同的执行策略，以便实现自身利益最大化。

执行回转怎么转？

黄文柳　吕奇文

执行，通常是实现当事人权利及履行义务的"终点站"，而执行回转程序则是对该"终点站"的"售后服务"。执行回转实际上是为了给原裁判一个纠错改正的机会，将案件的权利义务状态恢复到执行前的状态，以弥补执行错误的裁判而导致当事人所受到的损失，保护各方当事人的合法权益。其作为一种特殊的执行形式，是执行救济制度的有力补充。让我们一起了解一下什么是执行回转，在执行回转中我们能做些什么。

 案 例

陈某、黄某执行审查类执行裁定书
广东省高级人民法院（2020）粤执监 92 号

【案情简介】

在执行申请执行人博罗县恒裕实业有限公司（以下简称恒裕公司）与被执行人惠州市田岛电子科技有限公司（以下简称田岛公司）合同纠纷一案中，惠州市博罗县人民法院（以下简称博罗法院）裁定拍卖田岛公司名下的国有土地使用权及地上房产，惠州市诺和置业有限公司（以下简称诺和公司）通过公开竞价，支付全款后，博罗法院裁定拍卖财产归诺和公司所有，并完成了过户及交付手续。后惠州市中级人民法院通过再审程序撤销了本案执行依据。田岛公司向博罗法院提出异议，要求撤销拍卖，返还已拍卖成交的土地

及地上建筑物。本案经过执行异议、复议、执行监督后现已审查终结。

◉ **法院认为：**

一审法院认为，关于异议人请求依法确认位于博罗县××××牛田岭组沥背（土名）10000平方米国有土地使用权［博府国用（2004）第1322011004号］属于异议人所有及撤销该院涉案财产拍卖的问题，因本案在执行拍卖上述财产时，生效的法律文书并未被撤销，该院依法拍卖处置上述财产符合法律规定，上述财产已由买受人诺和公司在公开拍卖中以2357376元的最高价竞得，故异议人现通过向该院提起执行异议请求确认上述财产为其所有及撤销拍卖，理由不充分，该院不予支持。

二审法院认为，关于复议申请人田岛公司提出撤销对涉案土地使用权拍卖、裁定过户行为的问题。

《执行工作规定》第一百零九条规定："在执行中或执行完毕后，据以执行的法律文书被人民法院或其他有关机关撤销或变更的，原执行机构应当依照民事诉讼法第二百一十条的规定，依当事人申请或依职权，按照新的生效法律文书，作出执行回转的裁定，责令原申请执行人返还已取得的财产及其孳息。拒不返还的，强制执行。"第一百一十条规定："执行回转时，已执行的标的物系特定物的，应当退还原物。不能退还原物的，可以折价抵偿。"

本案中，执行法院对涉案土地使用权拍卖成交并向申请执行人支付款项后，本案的执行依据的判决被再审判决撤销，但在执行过程中，涉案土地使用权经过公开拍卖程序，第三人诺和公司参与竞拍合法取得。且执行法院已作出拍卖成交过户的裁定，并向国土管理部门发出协助过户通知书，涉案土地所有权已转移，不能对第三人合法取得的财产进行执行回转。对于无法执行涉案土地使用权造成的损失，可以主张由申请执行人折价抵偿，如双方当事人对折价抵偿无法达成一致意见，可另寻法律途径予以解决。因此，复议申请人田岛公司提出的该项请求，缺乏依据，不予支持。

执行监督法院认为本案执行依据（2013）惠博法民一初字第212号民事判决经再审程序已经被撤销。因此，本案应当执行回转。《执行工作规定》第一百一十条规定："执行回转时，已执行的标的物系特定物的，应当退还原物。不能退还原物的，可以折价抵偿。"就本案而言，执行的特定财产是案涉土地使用权及地上建筑物，买受人诺和公司于 2015 年 10 月 13 日在第三次公开拍卖中以 2357376 元的最高价竞得该财产。2015 年 11 月 2 日，执行法院作出（2014）惠博法执字第 876-3 号执行裁定，裁定案涉土地使用权及地上建筑物的所有权及相应的其他权利归买受人所有。

《民事诉讼法解释》第四百九十三条规定："拍卖成交或者依法定程序裁定以物抵债的，标的物所有权自拍卖成交裁定或者抵债裁定送达买受人或者接受抵债物的债权人时转移。"根据前述法律规定，案涉土地使用权及地上建筑物的所有权在执行依据被撤销前已经归属于买受人。人民法院在执行中依法采取拍卖、变卖措施，是基于国家公权力的行为，具有公信力，买受人通过法院的拍卖程序取得财产的行为，不同于一般的民间交易行为，对其取得的财产权益应当予以保护。买受人取得的土地使用权不应再执行回转并返还给申诉人，而应当由原申请执行人向申诉人折价赔偿。

▣ 律师解析

通过以上案例可知，拍卖成交后执行依据被撤销的，当事人可通过执行回转恢复自身的权益，但要求竞买人返还财产的将无法获得支持。

一、什么是执行回转

《中华人民共和国民事诉讼法》（以下简称《民事诉讼法》）（2023 年修正）第二百四十四条规定："执行完毕后，据以执行的判决、裁定和其他法律文书确有错误，被人民法院撤销的，对已被执行的财产，人民法院应当作出裁定，责令取得财产的人返还；拒不返还的，强制执行。"

《执行工作规定》（2020 年修正）第六十五条第一款规定："在执行中或执行完毕后，据以执行的法律文书被人民法院或其他有关机关撤销或变更的，原执行机构应当依照民事诉讼法第二百三十三条的规定，依当事人申请或依职权，按照新的生效法律文书，作出执行回转的裁定，责令原申请执行人返还已取得的财产及其孳息。拒不返还的，强制执行。"

因此，执行依据被撤销或变更后，当事人可以申请法院执行回转，法院应当作出执行回转的裁定，原申请执行人应当返还已取得的财产及其孳息。如果原申请执行人拒不返还的，法院将强制执行。

二、在执行回转中能回转什么

《最高人民法院〈关于对第三人通过法院变卖程序取得的财产能否执行回转及相关法律问题的请示〉的复函》规定："人民法院在执行中依法采取拍卖、变卖措施，是基于国家公权力的行为，具有公信力，买受人通过法院的拍卖、变卖程序取得财产的行为，不同于一般的民间交易行为，对其受让所得的权益应当予以保护。"假设竞买人如依法取得法院处置的财产后，仍面临着随时被追回的风险，那么将无人敢参与法院的拍卖、变卖活动，故为了维护法院拍卖、变卖行为的权威性及社会交易的安全，竞买人通过法院的拍卖、变卖程序等取得的财产不宜执行回转。至于当事人因该财产被处置后受到的损失，可根据《执行工作规定》第六十六条的规定，经双方当事人同意，可以折价赔偿。双方当事人对折价赔偿不能协商一致的，人民法院应当终结执行回转程序。当事人可以另行起诉。故本案中异议人"田岛公司"请求返还已拍卖成交的土地及地上建筑物没有得到法院支持。

由此可知，在实践中，为了维护市场交易秩序的安全，执行法院一般不向原申请执行人之外的主体追回已处置的财产，故竞买人无须返还竞拍财产。

三、什么情况下会发生执行回转

（1）人民法院制作的判决、裁定已经执行完毕，但该判决、裁定被本院或者上级法院经审判监督程序进行再审后依法撤销；权利人可以以发生法律效力的再审判决、裁定为依据，申请执行回转。

（2）人民法院制作的先予执行的裁定，在执行完毕后，被本院的生效判决或者上级法院的终审判决所撤销，因先予执行而取得财物的一方当事人应当将执行所得返还给对方当事人。

（3）其他机关制作的由人民法院强制执行的法律文书，在执行完毕后，又被制作机关或者上级机关依法撤销的，也应当由人民法院采取执行回转措施，责令一方当事人将原执行所得财产返还给对方当事人。

四、执行回转的条件是什么

《民事诉讼法》第二百四十四条规定，执行完毕后，据以执行的判决、裁定和其他法律文书确有错误，被人民法院撤销的，对已被执行的财产，人民法院应当作出裁定，责令取得财产的人返还；拒不返还的，强制执行。故执行回转须具备下列条件：

（1）原执行依据内容已经执行完毕；

（2）原执行依据被撤销；

（3）有裁定执行回转的法律文书作为回转的依据。

结　语

执行回转作为一个特别的执行救济途径，其实质是再执行，即在原执行程序之外提起的一个新的执行程序，规范运用和实施执行回转是维护司法公正的重要保证。

法拍税费由谁承担?

邓 琪 吴俞霞

司法拍卖中,大家往往容易忽视其中一个环节,即买受人竞买成功或流拍以物抵债后,发现还需要缴纳税费或支付影响办理过户、使用的其他费用,那么这些费用到底由谁承担?如何承担?本文将从不动产司法网络拍卖涉及的税费及可能产生的其他费用角度具体分析上述问题。

河池五吉有限责任公司、深圳市汇清科技股份有限公司债权人
代位权纠纷执行审查类执行裁定书
广西壮族自治区高级人民法院 (2020) 桂执复 16 号

【案情简介】

法院在执行申请执行人汇清公司与五吉公司债权人代位权纠纷一案中,法院拍卖五吉公司名下土地使用权,司法网络《拍卖公告》第六条载明"拍卖成交后,办理产权登记过户所涉及的一切相关税(费)均由买受人承担"等。众信公司竞拍成功,在办理过户时,法院向五吉公司发出通知,责令其缴纳所拍卖的涉案土地的税费。五吉公司不服,提出异议、复议,认为按照《拍卖公告》的规定,所有税费应由众信公司承担。

广西高院认为本案焦点问题是:买受人众信公司办理司法拍卖标的物产权过户登记手续,所需税费如何承担?

根据《网拍规定》第三十条"因网络司法拍卖本身形成的税费，应当依照相关法律、行政法规的规定，由相应主体承担；没有规定或者规定不明的，人民法院可以根据法律原则和案件实际情况确定税费承担的相关主体、数额"以及《中华人民共和国增值税暂行条例》《中华人民共和国城市维护建设税暂行条例》《征收教育费附加的暂行规定》《中华人民共和国印花税暂行条例》《中华人民共和国土地增值税暂行条例》《中华人民共和国契税暂行条例》等的规定，增值税、城市维护建设税、教育费附加、印花税、土地增值税等应由被拍卖财产所有人即被执行人五吉公司负担。

虽然《拍卖公告》第六条载明"拍卖成交后，办理产权登记过户所涉及的一切相关税（费）均由买受人承担"及《标的物介绍》中载明"……该土地办理过户手续产生的费用需由竞买人自行与河池市国土资源局、河池市不动产登记中心及税务部门进行联系确认，办理过户相关手续所需全部费用均由竞买人自行承担"，但是，上述表述仅是针对拍卖标的物办理产权过户登记产生的费用由买受人承担，不包括五吉公司作为土地溢价受益人，以及法人经营过程中所产生的税费，依照法律、行政法规规定，应由买受人承担的税费，不应包含出卖人承担部分。

众信公司竞买成功并不意味其愿意承担"买卖双方"一切税费，五吉公司亦没有证据证明买受人众信公司在司法拍卖前后承诺其愿意承担五吉公司该承担的税费，故河池中院发出《关于及时对本院成功拍卖的土地缴纳税费的通知》和《关于责令立即缴纳税款的通知书》，责令涉案土地原所有人即被执行人五吉公司缴纳拍卖涉案土地的税费并无不当。

律师解析

一、关于税费的承担

司法拍卖、流拍后以物抵债等情形，本质上是由法院通过网络司法平台，以强制执行方式代为销售的行为。被执行人是出卖方，竞拍人或流拍后以物抵债的申请执行人是买受人。因此，依据《中华人民共和国增值税暂行条例》等的规定，一般需要缴纳增值税、城市维护建设税、教育费附加、地方教育附加、个人所得税、契税、印花税等。

目前，法律对司法拍卖或流拍后抵债财产过户时产生的税费承担问题没有作出明确规定。有些法院为了提高执行效率，直接"一刀切"，在《拍卖公告》中规定"一切税费由买受人承担"；有些法院则根据民事交易自主买卖中税法规定的应当由出卖人、买受人各自应承担的税费规则确定税费承担义务。

根据《网拍规定》第三十条"因网络司法拍卖本身形成的税费，应当依照相关法律、行政法规的规定，由相应主体承担；没有规定或者规定不明的，人民法院可以根据法律原则和案件实际情况确定税费承担的相关主体、数额"以及2020年9月2日国家税务总局《对十三届全国人大三次会议第8471号建议的答复》明确司法拍卖产生的税费依法由相应主体承担，严格禁止在拍卖公告中要求买受人概括承担全部税费。因此，实践中，大多数法院参照民事交易中自主买卖的相关规定确定司法拍卖或抵债双方的税费承担标准。

二、其他费用的承担

被拍卖的不动产上除了法律规定应缴纳的税款，有可能还存在着水电费、物业费等其他应缴、补缴、欠缴的款项及可能影响标的物过户、使用的费用，这些费用亦未在法律中明确由谁来承担。

《网拍规定》第六条第（三）项规定："实施网络司法拍卖的，人民法院应当履行下列职责：……（三）确定拍卖保留价、保证金的数额、税费负担等；……"第十三条第（九）项规定："实施网络司法拍卖的，人民法院应当在拍卖公告发布当日通过网络司法拍卖平台公示下列信息：……（九）拍卖财产产权转移可能产生的税费及承担方式；……"第十四条第（五）项规定："实施网络司法拍卖的，人民法院应当在拍卖公告发布当日通过网络司法拍卖平台对下列事项予以特别提示：……（五）竞买人决定参与竞买的，视为对拍卖财产完全了解，并接受拍卖财产一切已知和未知瑕疵；……"

依据前述规定，对于其他费用，法院可以根据案件实际情况确定由谁来承担，并在拍卖公告中予以明确。实践中，目前大多数法院会直接在拍卖公告中明确其他费用由买受人承担，亦有法院明确先由买受人垫付，后由买受人向法院提交相关支付凭证，法院在拍卖款中予以扣除，退还给买受人的情形。

相关规定

《最高人民法院关于人民法院网络司法拍卖若干问题的规定》

第六条　实施网络司法拍卖的，人民法院应当履行下列职责：

（一）制作、发布拍卖公告；

（二）查明拍卖财产现状、权利负担等内容，并予以说明；

（三）确定拍卖保留价、保证金的数额、税费负担等；

（四）确定保证金、拍卖款项等支付方式；

（五）通知当事人和优先购买权人；

（六）制作拍卖成交裁定；

（七）办理财产交付和出具财产权证照转移协助执行通知书；

（八）开设网络司法拍卖专用账户；

（九）其他依法由人民法院履行的职责。

第十三条　实施网络司法拍卖的，人民法院应当在拍卖公告发布当日通过网络司法拍卖平台公示下列信息：

（一）拍卖公告；

（二）执行所依据的法律文书，但法律规定不得公开的除外；

（三）评估报告副本，或者未经评估的定价依据；

（四）拍卖时间、起拍价以及竞价规则；

（五）拍卖财产权属、占有使用、附随义务等现状的文字说明、视频或者照片等；

（六）优先购买权主体以及权利性质；

（七）通知或者无法通知当事人、已知优先购买权人的情况；

（八）拍卖保证金、拍卖款项支付方式和账户；

（九）拍卖财产产权转移可能产生的税费及承担方式；

（十）执行法院名称，联系、监督方式等；

（十一）其他应当公示的信息。

第十四条　实施网络司法拍卖的，人民法院应当在拍卖公告发布当日通过网络司法拍卖平台对下列事项予以特别提示：

（一）竞买人应当具备完全民事行为能力，法律、行政法规和司法解释对买受人资格或者条件有特殊规定的，竞买人应当具备规定的资格或者条件；

（二）委托他人代为竞买的，应当在竞价程序开始前经人民法院确认，并通知网络服务提供者；

（三）拍卖财产已知瑕疵和权利负担；

（四）拍卖财产以实物现状为准，竞买人可以申请实地看样；

（五）竞买人决定参与竞买的，视为对拍卖财产完全了解，并接受拍卖财产一切已知和未知瑕疵；

（六）载明买受人真实身份的拍卖成交确认书在网络司法拍卖平台上公示；

（七）买受人悔拍后保证金不予退还。

第三十条　因网络司法拍卖本身形成的税费，应当依照相关法律、行政法规的规定，由相应主体承担；没有规定或者规定不明的，人民法院可以根据法律原则和案件实际情况确定税费承担的相关主体、数额。

拍卖评估价格过低/过高，能否申请法院重新评估？

吴俞霞　廖振威

在执行程序中，对于被执行标的物系不动产、股权等财产的，均需要通过拍卖、变卖的处置程序，以实现申请执行人的债权。在处置被执行标的物前，法院会依法通过对被执行标的物进行询价、评估等方式确定拍卖价格。此时，若被执行标的物的评估价格过高，存在难以变现的风险；但若评估价格过低，又存在不能覆盖全部债权的情形。此时，申请执行人或被执行人可否以拍卖评估价格过高/过低为由，申请法院重新评估呢？

 案例一

林某明与莆田市中宏房地产开发有限公司、

福建省中通恒基投资有限公司等执行裁定书

最高人民法院（2017）最高法执监 231 号

◉ **法院认为：**

本案的争议焦点为：《估价报告》的评估程序是否严重违法致使评估价格过低。

对拍卖标的物进行评估是辅助人民法院确定拍卖保留价的手段，具有较强的专业技术性，需由法院委托专门的具有相应资质的评估机构进行评估。根据《拍卖、变卖财产规定》第六条的规定，人民法院对于评估报告提出异议，重点针对评估机构、评估人员是否具备相应的评估资质以及评估程序是

否严重违法进行审查。因此，本院重点针对莆田中宏公司所主张评估程序违法问题进行审查。关于《估价报告》未在执行法院规定期限内作出的问题。即使超期作出评估报告，对评估程序及评估结果并无重大影响，不足以认定评估程序严重违法。关于评估方法的选用问题。按照《房地产估价规范》，评估机构可以同时选用两种以上估价方法，并非必须选用两种以上估价方法，况且《估价报告》就为何对 42 套房产只选用比较法已进行了说明。关于比较对象是"利害关系人之间的交易"的问题，本案申诉人并未提供充分证据证明其与 17 套房产买受人存在所谓的合作关系并产生某种利害关系。关于比较单价问题，《估价报告》系以合同备案价作为比较单价，该价格为房产交易当事人自行向政府主管部门登记，评估机构以此价格作为比较单价并无不妥。综上，莆田中宏公司所主张评估程序严重违法致使评估价格过低的申诉事由，本院不予支持。

案例二

翟某晖、大连腾越房地产开发有限公司
建设工程施工合同纠纷执行审查类执行裁定书
最高人民法院（2018）最高法执复 56 号

● **法院认为：**

关于是否应当对拍卖标的物重新评估的问题。《拍卖、变卖财产规定》第六条规定，人民法院收到评估机构作出的评估报告后，应当在五日内将评估报告发送当事人及其他利害关系人。当事人或者其他利害关系人对评估报告有异议的，可以在收到评估报告后十日内以书面形式向人民法院提出。当事人或者其他利害关系人有证据证明评估机构、评估人员不具备相应的评估资质或者评估程序严重违法而申请重新评估的，人民法院应当准许。本案中，辽宁高院司法辅助办公室经摇号随机方式选定的评估公司具备相应的资质。翟某晖未提供充分的证据证明评估机构、评估人员不具备相应的评估资质或者评估程序严重违法，不符合人民法院依法准许重新评估的法定情形。关于

评估报告未释明标的物房产、土地存在抵押权的问题，就本案而言，是否释明抵押权不应对标的物的评估价值产生影响，因而也不影响评估结果的客观公正性。关于翟某晖提出的评估报告鉴定范围不全、未载明土地价值、评估价格明显过低、评估方法错误等问题，因涉及评估专业领域问题，辽宁高院交由评估机构进行解释答复，评估公司分别两次作出书面答复，充分保护了翟某晖的异议权利。翟某晖亦未能提供充分的证据否定评估公司的答复意见或证明评估结果确有错误。辽宁高院经审查评估报告和评估公司的答复，亦未发现重新评估的法定条件。因此，辽宁高院未支持翟某晖关于重新评估的请求，并不违反法律规定。

案例三

周某、广西友容投资有限公司与韦某宁股权转让纠纷执行裁定书
最高人民法院（2016）最高法执复 59 号

◉ **法院认为：**

涉案评估是否存在评估价格过低的问题。第一，涉案股权评估是依法委托具有评估资质的评估公司严格遵守法定程序进行，韦某宁主张对涉案股权评估前应当先进行审计，并无相应的法律依据，不能成立；第二，韦某宁主张评估机构漏评了两宗土地资产，但是其提供的证据不足以证明评估报告存在漏评的情形；第三，对于韦某宁在笔录中提出的评估方式和评估价值偏低因涉及评估技术性问题，广西高院委托评估机构向韦某宁答复，2013 年 11 月 19 日该院将评估机构复函已送达给韦某宁。况且，评估报告的评估结论只是确定拍卖保留价的参考，其真实价值需要市场的检验。涉案股权的拍卖经过了充分竞价并溢价成交，亦不存在法律规定的应当重新拍卖的情形。综上，韦某宁主张评估报告存在估价过低，涉案股权应当重新评估拍卖的复议理由没有事实依据和法律依据，不能成立。

律师解析

通过上述案例可知，当事人、利害关系人仅以被执行标的物拍卖评估价格过低或过高或偏离市场价值为由向执行法院提出异议，申请重新评估的，因该前述理由不是法定重新评估的情形，对拍卖财产进行评估，只是辅助执行法院确定拍卖保留价的手段，评估价格不是最终的交易价格，最终成交价格仍需经由市场检验，没有法定理由，不应启动重新评估。

那么，如何才能申请重新评估呢？

依据《最高人民法院关于人民法院确定财产处置参考价若干问题的规定》（以下简称《财产处置规定》）的相关规定，符合如下情形之一的，可申请重新评估。

一、评估机构未在期限内出具评估报告、补正说明，且未按照规定申请延长期限的

《财产处置规定》第十九条第三款规定："评估机构未在期限内出具评估报告、补正说明，且未按照规定申请延长期限的，人民法院应当通知该评估机构三日内将人民法院委托评估时移交的材料退回，另行委托下一顺序的评估机构重新进行评估。"

二、未在评估报告有效期内发布一拍公告或进入变卖程序

《财产处置规定》第十九条第四款规定："人民法院未在评估结果有效期内发布一拍拍卖公告或者直接进入变卖程序的，应当通知原评估机构在十五日内重新出具评估报告。"

三、评估机构或者评估人员不具备相应评估资质或评估程序严重违法

《财产处置规定》第二十二条规定，当事人、利害关系人认为评估报告具有财产基本信息错误、超出财产范围或者遗漏财产、评估机构或者评估人员不具备相应评估资质、评估程序严重违法等情形之一的，可以在收到报告后五日内提出书面异议。人民法院应当参照民事诉讼法第二百二十五条的规定处理。第二十三条第一款规定，当事人、利害关系人收到评估报告后五日内对评估报告的参照标准、计算方法或者评估结果等提出书面异议的，人民法院应当在三日内交评估机构予以书面说明。评估机构在五日内未作说明或者当事人、利害关系人对作出的说明仍有异议的，人民法院应当交由相关行业协会在指定期限内组织专业技术评审，并根据专业技术评审出具的结论认定评估结果或者责令原评估机构予以补正。第二十三条第二款规定，当事人、利害关系人提出前款异议，同时涉及财产基本信息错误、超出财产范围或者遗漏财产等情形的，按照前款规定处理；同时涉及评估机构或者评估人员不具备相应评估资质、评估程序严重违法等情形的，先对上述两项情形审查，异议成立的，应当通知评估机构三日内将人民法院委托评估时移交的材料退回，另行委托下一顺序的评估机构重新进行评估；异议不成立的，按照前款规定处理。

因此，若当事人认为评估机构、人员无相应资质或评估程序存在违法情形的，可以主张重新申请评估，但对于前述违法情形应予以举证，否则可能承担举证不能的不利后果。

但若仅以涉及财产基本信息错误、超出财产范围或者遗漏财产以及对评估报告的参照标准、计算方法或者评估结果等提出异议的，法院将交由评估机构作出说明或交由相关行业协会在指定期限内组织专业技术评审，根据专业技术评审出具的结论认定评估结果或者责令原评估机构予以补正。

相关规定

《最高人民法院关于人民法院确定财产处置参考价若干问题的规定》

第十九条　评估机构应当在三十日内出具评估报告。人民法院决定暂缓或者裁定中止执行的期间，应当从前述期限中扣除。

评估机构不能在期限内出具评估报告的，应当在期限届满五日前书面向人民法院申请延长期限。人民法院决定延长期限的，延期次数不超过两次，每次不超过十五日。

评估机构未在期限内出具评估报告、补正说明，且未按照规定申请延长期限的，人民法院应当通知该评估机构三日内将人民法院委托评估时移交的材料退回，另行委托下一顺序的评估机构重新进行评估。

人民法院未在评估结果有效期内发布一拍拍卖公告或者直接进入变卖程序的，应当通知原评估机构在十五日内重新出具评估报告。

第二十二条　当事人、利害关系人认为网络询价报告或者评估报告具有下列情形之一的，可以在收到报告后五日内提出书面异议：

（一）财产基本信息错误；

（二）超出财产范围或者遗漏财产；

（三）评估机构或者评估人员不具备相应评估资质；

（四）评估程序严重违法。

对当事人、利害关系人依据前款规定提出的书面异议，人民法院应当参照民事诉讼法第二百二十五条的规定处理。

第二十三条　当事人、利害关系人收到评估报告后五日内对评估报告的参照标准、计算方法或者评估结果等提出书面异议的，人民法院应当在三日内交评估机构予以书面说明。评估机构在五日内未作说明或者当事人、利害关系人对作出的说明仍有异议的，人民法院应当交由相关行业协会在指定期限内组织专业技术评审，并根据专业技术评审出具的结论认定评估结果或者责令原评估机构予以补正。

当事人、利害关系人提出前款异议，同时涉及本规定第二十二条第一款第一、二项情形的，按照前款规定处理；同时涉及本规定第二十二条第一款第三、四项情形的，按照本规定第二十二条第二款先对第三、四项情形审查，异议成立的，应当通知评估机构三日内将人民法院委托评估时移交的材料退回，另行委托下一顺序的评估机构重新进行评估；异议不成立的，按照前款规定处理。

第二十四条　当事人、利害关系人未在本规定第二十二条、第二十三条规定的期限内提出异议或者对网络询价平台、评估机构、行业协会按照本规定第二十二条、第二十三条所作的补正说明、专业技术评审结论提出异议的，人民法院不予受理。

当事人、利害关系人对议价或者定向询价提出异议的，人民法院不予受理。

──────◇ 第二章 ◇──────

刑事裁判涉财产部分执行

刑事裁判涉财产部分执行程序的启动

吴俞霞 邓 琪

随着大数据时代的到来，诈骗、非法集资等各种各样的经济犯罪层出不穷，防不胜防。对于这类案件，刑事判决书往往判决没收被告人的财产或将追回的财产退赔受害者等，那么该类裁判将如何启动执行程序呢？是否与民事案件的执行一样呢？下面通过几个案例，了解一下如何启动刑事裁判涉财产部分的执行。

 **案例一**

黄某兰、钟某华执行审查类执行裁定书
最高人民法院（2017）最高法执监 108 号

◉ **法院认为：**

关于申诉人主张法院违法判决钟某周财产和案外人财产由侦查机关依法进行处理、珠海中院无权执行的问题。根据《最高人民法院关于刑事裁判涉财产部分执行的若干规定》（以下简称《刑事涉财执行规定》）第一条第一款规定："本规定所称刑事裁判涉财产部分的执行，是指发生法律效力的刑事裁判主文确定的下列事项的执行：（一）罚金、没收财产；（二）责令退赔；（三）处置随案移交的赃款赃物；（四）没收随案移送的供犯罪所用本人财物；（五）其他应当由人民法院执行的相关事项。"可见，现有法律已对法院在刑事裁判涉财产部分中应当执行的相关事项作出明确的规定。本案中，发生法律效力的刑事裁判主文确定的追缴钟某周侵吞公款购买、非法持有的九佛电器66.7397%的股份、钟某周名下的九佛电器其余股份用于补齐追缴赃款及孳息的不足部分，如有剩余作为其个人财产予以没收等事项。按照法律规定应当由法院执行，且侦查机关已将涉案股份控制权、处置权移交至执行法院，执行法院依法采取冻结措施。因此，珠海中院依据生效刑事裁判确定的内容，对相关事项进行执行，并无不当。故对申诉人的此项主张，本院不予支持。

公某祥、王某镇雷庄村委会其他案由执行复议执行裁定书
河北省高级人民法院（2021）冀执复393号

◉ **法院认为：**

根据《最高人民法院关于刑事裁判涉财产部分执行的若干规定》，刑事裁判涉财产部分的执行由刑事审判部门移送立案部门审查立案后，移送执行机构执行。(2019）冀02执24316号执行裁定书虽然将王滩镇雷庄村委列为申请人，但卷中材料显示，本案系2019年12月3日由乐亭县人民法院移送，相关执行立案程序符合法律规定，我国现行法律和司法解释未规定移送执行的期限，执行法院依法立案执行并无不当。关于复议申请人所提人民法院办理刑事裁判涉财产部分执行案件的期限为六个月，本案已经超过执行时限规定的理由，六个月规定的是执行办案期限，是为了提高执行效率而设立的期限制度，六个月是相对于执行立案后的期限，不是相对执行依据生效的期限，我国财产刑执行无行刑时效的规定。综上，复议申请人公某祥的复议理由不能成立，复议请求本院不予支持。

甲马莫此作、胡某色其他案由执行审查类执行裁定书
四川省高级人民法院（2021）川执复 4 号

⊙ **法院认为：**

根据《最高人民法院关于刑事裁判涉财产部分执行的若干规定》第二条"刑事裁判涉财产部分，由第一审人民法院执行"以及第七条第一款"由人民法院执行机构负责执行的刑事裁判涉财产部分，刑事审判部门应当及时移送立案部门审查立案"的规定，（2017）川 34 刑初 5 号刑事判决生效后，执行法院的刑事审判部门将案件移送该院立案执行并无不当。

根据《最高人民法院关于刑事裁判涉财产部分执行的若干规定》第九条第一款"判处没收财产的，应当执行刑事裁判生效时被执行人合法所有的财产"，第二款"执行没收财产或罚金刑，应当参照被扶养人住所地政府公布的上年度当地居民最低生活费标准，保留被执行人及其所扶养家属的生活必需费用"；第十六条"人民法院办理刑事裁判涉财产部分执行案件，刑法、刑事诉讼法及有关司法解释没有相应规定的，参照适用民事执行的有关规定"以及《最高人民法院关于人民法院民事执行中查封、扣押、冻结财产的规定》第十二条第一款"对被执行人与其他人共有的财产，人民法院可以查封、扣押、冻结，并及时通知共有人"的规定，执行法院在并处没收胡某色个人全部财产时，强制执行胡某色与甲马莫此作共有的涉案房屋中属于胡某色所有的部分并无不当。

▷ 律师解析

看完以上几个案例，您对刑事裁判涉财产部分案件是否已有了初步印象呢？以下通过对执行依据、执行事项、执行的启动等内容作进一步分析，深入介绍刑事裁判涉财产部分案件执行的相关知识。

一、刑事裁判涉财产部分执行的依据

刑事涉财产部分执行的依据，是发生法律效力的刑事判决和裁定。《中华人民共和国刑事诉讼法》（以下简称《刑事诉讼法》）（2018 年修正）第二百五十九条规定："判决和裁定在发生法律效力后执行。下列判决和裁定是发生法律效力的判决和裁定：（一）已过法定期限没有上诉、抗诉的判决和裁定；（二）终审的判决和裁定；（三）最高人民法院核准的死刑的判决和高级人民法院核准的死刑缓期二年执行的判决。"该规定明确，刑事裁判发生法律效力主要有如下几种形式：一是已过法定期限没有上诉、控诉的各级人民法院的一审刑事判决；二是终审的刑事判决和裁定，包括中级、高级、最高人民法院第二审和最高人民法院第一审的刑事判决和裁定；三是高级人民法院对死刑缓期二年执行复核的刑事判决和裁定；四是最高人民法院对死刑复核的刑事判决和裁定。

二、刑事裁判涉财产部分的执行事项

根据《刑事涉财执行规定》第一条的规定："刑事裁判涉财产部分主要是对裁判主文中确定的下列事项的执行：（一）罚金、没收财产；（二）责令退赔；（三）处置随案移送的赃款赃物；（四）没收随案移送的供犯罪所用本人财物；（五）其他应当由人民法院执行的相关事项。刑事附带民事裁判的执行，适用民事执行的有关规定。"

1. 罚金、没收财产

这属于我国刑罚体系中的财产刑，而财产刑是国家对犯罪人适用的以剥夺犯罪人财产权益为内容的各种刑罚的总称，系附加刑。

（1）罚金刑是指人民法院判处被告人向国家缴纳一定数额金钱的刑罚方法。依据《中华人民共和国刑法》（以下简称《刑法》）（2017 年修正）第五十三条、《最高人民法院关于适用财产刑若干问题的规定》第五条及第六条，《最高人民法院关于适用〈中华人民共和国刑事诉讼法〉的解释》（以下简称《刑事诉讼法解释》）第五百二十三条及第五百二十四条，罚金刑的执行无执行时效限制，具有随时强制缴纳的特点，即在任何时候发现被执行人有可供执行的财产，均可予以强制执行。罚金刑表现为金钱形式，但若被执行人无金钱支付能力的，执行机构可以执行与金钱数额等值的实物类财产。

（2）没收财产是指人民法院判处被告人全部或部分财产收归国家所有的刑罚方法。没收财产不局限于金钱，还包括犯罪人个人所有的一切财产。

2. 责令退赔

责令退赔是指在刑事诉讼的侦查、起诉和审判阶段，相关司法机关责令犯罪分子将其犯罪所得原物退还给被害人，在犯罪分子已将赃款赃物用掉、毁坏或挥霍的情况下，责令其按照赃款赃物的等额价款或者相同种类物赔偿被害人，并以最终退赔与否作为对其量刑的酌定情节予以考虑。

3. 关于涉案财物的没收

对于随案移送的赃款赃物或者价值较大的供犯罪所用的本人财物没收，如走私船只、运输车辆等需要变现处置的，应当由执行机构负责执行。对于查控在案的违禁品或价值不大的作案工具，一般由侦查机关直接销毁，其中作为证据使用而随案移送的，在案件审结后，亦由刑事审判部门移交有关部门销毁处理，无需移送执行。

4. 关于刑事附带民事诉讼案件

刑事附带民事诉讼，是在刑事诉讼程序中解决民事赔偿问题，此类案件虽然是由刑事案件所引发，但是刑事附带民事赔偿是私权性质，决定申请执行或者放弃权利由被害人自己主张，本质上属于民事案件范畴，适用民事执行的相关规定。

依据《民事诉讼法》（2021 年修正）第二百三十一条第一款及《执行工作规定》（2020 年修正）第十七条第一款规定，适用民事执行的相关规定。

三、刑事裁判涉财产部分的法院管辖及启动

《刑事涉财执行规定》第二条规定："刑事裁判涉财产部分，由第一审人民法院执行。第一审人民法院可以委托财产所在地的同级人民法院执行。"第七条第一款规定："由人民法院执行机构负责执行的刑事裁判涉财产部分，刑事审判部门应当及时移送立案部门审查立案。"

根据前述法律规定及《刑事诉讼法解释》等的相关规定，刑事涉财产部分执行案件，由第一审人民法院执行，或委托财产所在地同级人民法院执行。

刑事裁判文书发生法律效力后，由法院依职权主动启动执行程序，生效裁判确定的涉财产部分属于执行机构的职权范围且有强制执行必要的，刑事审判部门应当及时将相关材料移送执行法院的立案部门审查立案。但对于刑事附带民事诉讼案件的执行，如前所述及依据《民事诉讼法》第二百三十一条第一款及《执行工作规定》第十七条第一款规定，一般应当由被害人依据民事执行的相关规定向人民法院申请强制执行。

相关规定

《最高人民法院关于刑事裁判涉财产部分执行的若干规定》

第一条：本规定所称刑事裁判涉财产部分的执行，是指发生法律效力的刑事裁判主文确定的下列事项的执行：

（一）罚金、没收财产；

（二）责令退赔；

（三）处置随案移送的赃款赃物；

（四）没收随案移送的供犯罪所用本人财物；

（五）其他应当由人民法院执行的相关事项。

刑事附带民事裁判的执行，适用民事执行的有关规定。

被执行人财产不足以同时承担刑事、
民事责任时，执行顺序该如何确定？

黄文柳　吕奇文

在刑民交叉案件的执行过程中，常出现被执行人财产不足以清偿全部债务的情形。在这种情况下，被执行人财产的清偿顺序该如何确定呢？

 案　例

赖某云与中国民生银行股份有限公司中山分行、中国工商银行

股份有限公司中山分行、中国建设银行股份有限公司

中山市分行执行分配方案异议之诉一案民事二审判决书

广东省中山市人民法院（2020）粤 20 民终 4683 号

【案情简介】

异议人赖某云对被执行人邓某兰累计享有债权 100 余万元，且已进入执行阶段，执行案号为（2016）粤 2071 执 11556 号、（2017）粤 2071 民初 21975 号。2016 年 12 月 23 日，中山市第一人民法院作出（2016）粤 2071 刑初 2052 号刑事判决，认定被告人邓某兰犯信用卡诈骗罪，并责令邓某兰向各被害人退赔。2019 年 10 月 11 日，中山市第一人民法院针对被执行人邓某兰的系列案件作出（2016）粤 2071 执 11556 号之二执行分配方案，对被执行人邓某兰名下房产的拍卖得款在各债权人之间进行分配。刑事被害人债权本金因属于刑事退赔款项而得以优先受偿，因拍卖款不足以全部支付刑事退赔案件本金，

普通债权本息、刑事罚金不再纳入该次分配范围。赖某云即对该分配方案提出异议。法院将该分配异议送达给申请执行人及利害关系人后，部分刑事被害人提出反对意见，赖某云遂向一审法院提起诉讼，后又向二审法院提出上诉。

◉ **法院认为：**

（一）一审法院认为

本案是执行分配方案异议之诉，本案的争议焦点在于民事债权与刑事退赔的执行顺位问题。

《刑事涉财执行规定》第十三条第一款规定："被执行人在执行中同时承担刑事责任、民事责任，其财产不足以支付的，按照下列顺序执行：（一）人身损害赔偿中的医疗费用；（二）退赔被害人的损失；（三）其他民事债务；（四）罚金；（五）没收财产。"本案中，根据一审法院作出的（2016）粤2071刑初2052号刑事判决，邓某兰退赔民生银行中山分行、中信银行、工商银行中山分行、中国银行中山分行、建设银行中山分行、农业银行中山分行、光大银行广州分行、招商银行中山分行的本息应属于"退赔被害人的损失"；而赖某云享有的债权经（2015）中一法民一初字第3983号、（2017）粤2071民初21975号民事判决书认定，属于普通民事债权。在被执行人邓某兰的财产不足以支付其同时承担的刑事责任和民事责任时，则退赔被害人的损失应优先于民事债务的执行，一审法院于2019年10月11日作出的（2016）粤2071执11556号之二执行分配方案依据生效的、具有强制力的法律文书而制作，遵循了上述分配原则，并无不妥。赖某云主张其债权属于"被害人损失"，并无法律依据，其要求按照被害人损失优先受偿其债权，于法无据，一审对其诉讼请求依法予以驳回。

（二）二审法院认为

《刑事涉财执行规定》第十三条第一款规定："被执行人在执行中同时承担刑事责任、民事责任，其财产不足以支付的，按照下列顺序执行：（一）人身损害赔偿中的医疗费用；（二）退赔被害人的损失；（三）其他民事债务；（四）罚金；（五）没收财产。"本案中，一审法院作出的执行分配方案是依据（2016）粤2071刑初2052号刑事判决，其分配涉及的范围属于"退赔被害人损失"。赖某云主张要求纳入分配的债权，虽经一审法院作出的（2015）中一法民一初字第 3983 号、（2017）粤 2071 民初 21975 号民事判决书认定，但其债权属于普通民事债权，不属于上述生效刑事判决的"退赔被害人损失"范围，本案被执行人邓某兰被执行的财产并不足以全部退赔刑事案件所涉被害人的损失。赖某云主张优先参与到该顺序的分配，不符合上述法律条款的规定，一审驳回其诉讼请求正确，本院予以维持。

▣ 律师解析

由此，我们可以知道：

（1）刑民交叉执行案件中，被执行人财产不足以清偿全部债务的，应当依照《刑事涉财执行规定》第十三条第一款确定执行顺序。该条第一款规定的执行顺序为："（一）人身损害赔偿中的医疗费用；（二）退赔被害人的损失；（三）其他民事债务；（四）罚金；（五）没收财产。"

（2）债权人对执行标的依法享有优先受偿权，可以依据《刑事涉财执行规定》第十三条第二款，在人身损害赔偿中的医疗费用受偿后、退赔被害人损失前受偿。

（3）债权人或被执行人对分配顺位有异议的，应当向法院提交书面异议。若未提出异议的其他债权人或者被执行人提出反对意见，则异议人应以提出反对意见的债权人、被执行人为被告，向执行法院提起诉讼。

相关规定

《最高人民法院关于刑事裁判涉财产部分执行的若干规定》

第十三条　被执行人在执行中同时承担刑事责任、民事责任，其财产不足以支付的，按照下列顺序执行：

（一）人身损害赔偿中的医疗费用；

（二）退赔被害人的损失；

（三）其他民事债务；

（四）罚金；

（五）没收财产。

债权人对执行标的依法享有优先受偿权，其主张优先受偿的，人民法院应当在前款第（一）项规定的医疗费用受偿后，予以支持。

《最高人民法院关于适用〈中华人民共和国民事诉讼法〉的解释》（2022年修正）

第五百一十条　债权人或者被执行人对分配方案提出书面异议的，执行法院应当通知未提出异议的债权人、被执行人。

未提出异议的债权人、被执行人自收到通知之日起十五日内未提出反对意见的，执行法院依异议人的意见对分配方案审查修正后进行分配；提出反对意见的，应当通知异议人。异议人可以自收到通知之日起十五日内，以提出反对意见的债权人、被执行人为被告，向执行法院提起诉讼；异议人逾期未提起诉讼的，执行法院按照原分配方案进行分配。

诉讼期间进行分配的，执行法院应当提存与争议债权数额相应的款项。

对退赔分配方案不服，受害人还能有什么救济办法吗？

黄文柳　廖可军

在集资诈骗犯罪等涉及被害人众多的案件中，人民法院在执行刑事裁判涉财产部分案件时，在有可退赔被害人财产的情况下，往往会先作出退赔分配方案。此时，如有被害人不服人民法院作出的退赔分配方案，是否有救济途径呢？

 案　例

焦某、赵某再审审查与审判监督民事裁定书

最高人民法院（2020）最高法民申 2476 号

【案情简介】

安徽省芜湖市中级人民法院（以下简称芜湖中院）（2013）芜中刑初字第 00028 号和（2015）芜中刑初字第 00001 号刑事判决书认定谢某群犯集资诈骗罪，应依法向焦某、赵某等被害人退赔，（2013）芜中刑初字第 00028 号的认定中，焦某的受害金额为 279.7 万元。

之后芜湖中院在执行上述生效判决的过程中，制作了（2018）皖 02 执恢 41 号执行分配方案，认定焦某的退赔数额为 279.7 万元。但焦某认为其在本案中的债权应当为 590 万元，该分配方案少认定其 200 余万元的债权，因此对该分配方案提出异议。芜湖中院审理后作出（2019）皖 02 执异 5 号执行裁定，驳回焦某的异议请求。

焦某不服，向芜湖中院提起执行异议之诉，芜湖中院认为焦某是在刑事退赔过程中对其应受优先退赔的债权数额提出的异议，该院进行刑事退赔依据的是生效刑事判决书所查明和认定的事实，并非自行制定的分配方案，焦某应在刑事退赔结束之后的民事执行过程中以明确表示反对的申请执行人、被执行人等当事人作为被告提起执行分配异议之诉，故认定焦某的起诉不符合执行异议之诉的起诉条件，驳回了焦某的起诉。

焦某仍不服，上诉至安徽省高级人民法院，坚持要求法院认定其退赔数额为590万元。安徽省高级人民法院在依法审理后认为，焦某的异议请求事实上是对刑事判决关于其受害金额认定的异议，并非对法院在执行程序中制作的财产分配方案的异议，不符合执行财产分配方案异议之诉的起诉条件，并据此作出（2020）皖民终36号民事判决，驳回了焦某的上诉请求，维持原裁定。

焦某仍然不服，向最高人民法院提起再审申请，请求撤销（2020）皖民终36号民事判决并认定其在上述执行分配方案中享有479.7万元的刑事退赔权利。最高人民法院同样认为焦某在本案中无权对分配方案提起诉讼，故而驳回其再审申请。

⚫ **法院认为：**

一审法院认为，本案系刑事案件受害人之一焦某在谢某群犯集资诈骗罪一案刑事退赔过程中对其应受优先退赔的债权数额提出的异议，芜湖中院进行刑事退赔依据的是生效刑事判决书所查明和认定的事实，并非自行制定的分配方案。焦某主张生效刑事判决书认定的其受让的200多万元债权应优先于普通债权得到分配，其应在刑事退赔结束之后的民事执行过程中以明确表示反对的申请执行人、被执行人等当事人作为被告提起执行分配异议之诉，故一审法院认为焦某就本案的起诉不符合执行异议之诉的起诉条件，驳回了焦某的起诉。

二审法院认为，焦某认为其应按照590万元债权参与刑事退赔财产分配，事实上是对刑事判决关于其受害金额认定的异议，并非对法院在执行程序中制作的财产分配方案的异议，故本案不符合执行财产分配方案异议之诉的起诉条件，一审法院裁定驳回焦某的起诉并无不当，最终驳回了焦某的上诉，维持原裁定。

再审审查法院认为，焦某作为刑事案件的受害人，对于执行部门因刑事审判部门依职权移送而启动并作出的执行行为，认为违反法律规定的，应当根据《刑事涉财执行规定》第十四条的规定，"向执行法院提出书面异议，执行法院应当依照民事诉讼法第二百二十五条的规定处理"。根据上述法律及司法解释的规定，在刑事裁判涉财产部分执行中，当事人、利害关系人向执行法院提出执行异议被驳回后，其救济途径应是向上一级法院申请复议，而不能提起执行异议之诉。

▷ 律师解析

（1）刑事案件的被害人并不具有对退赔分配方案提起执行分配方案异议之诉的权利，其向执行法院提出执行异议被驳回后，救济途径应是向上一级法院申请复议，而不能提起执行异议之诉。

（2）在参与分配程序中，被害人作为参与分配主体仍可依法提起执行分配方案异议之诉。上述案例所称"退赔方案"异议，是原告认为执行法院未按照判决认定金额执行而提出的执行行为异议，不同于参与分配程序中，对执行分配方案提出的异议。因此，被害人在参与分配程序中，仍可就执行分配方案提起诉讼。

（3）在刑事裁判涉财产部分执行的执行案件中，被害人认为刑事裁判中对涉案财物是否属于赃款赃物认定错误或者应予认定而未认定的，可以根据《刑事涉财执行规定》第十五条"执行过程中，案外人或被害人认为刑事裁判中对涉案财物是否属于赃款赃物认定错误或者应予认定而未认定，向执行法院提出书面异议，可以通过裁定补正的，执行机构应当将异议材料移送刑事审判部门处理；无法通过裁定补正的，应当告知异议人通过审判监督程序处理"的规定，要求刑事审判部门补正，如无法补正的，可以通过审判监督程序处理即提起再审处理。

相关规定

《最高人民法院关于刑事裁判涉财产部分执行的若干规定》

第十四条　执行过程中，当事人、利害关系人认为执行行为违反法律规定，或者案外人对执行标的主张足以阻止执行的实体权利，向执行法院提出书面异议的，执行法院应当依照民事诉讼法第二百二十五条的规定处理。

人民法院审查案外人异议、复议，应当公开听证。

第十五条　执行过程中，案外人或被害人认为刑事裁判中对涉案财物是否属于赃款赃物认定错误或者应予认定而未认定，向执行法院提出书面异议，可以通过裁定补正的，执行机构应当将异议材料移送刑事审判部门处理；无法通过裁定补正的，应当告知异议人通过审判监督程序处理。

第十六条　人民法院办理刑事裁判涉财产部分执行案件，刑法、刑事诉讼法及有关司法解释没有相应规定的，参照适用民事执行的有关规定。

刑事退赃、退赔或追缴不足以弥补
被害人全部损失时，还有哪些救济途径？

吴俞霞　廖振威

在刑事裁判文书中，判决主文往往会写明"案发后扣押的赃款、赃物返还被害人，其余赃款赃物继续追缴"或"追缴被告人×××违法所得×××元返还被害人，追缴不足部分，责令予以退赔"。但在实践当中，经常遇到被害人通过退赃、退赔或追缴均不足以弥补其所遭受的全部损失或根本无法获得任何赔偿的情形，在此种情况下，被害人还可以通过哪些途径进行救济呢？

 案例一

中国中轻国际控股公司、中国远大集团有限责任公司
进出口代理合同纠纷再审审查与审判监督民事裁定书
（2017）最高法民申 1914 号

◉ **法院认为：**

刑事判决书认定签订《代理协议》为合同诈骗罪的行为和手段，一审、二审法院将该行为认定为合法的民事合同行为，是否与刑事判决书认定的事实相冲突。刑事责任和民事责任在保护法益、证明标准、归责原则、责任形式等方面均存在不同。刑事判决认定的事实在民商事领域的法律效力应根据民商事法律规定进行认定。尽管签订案涉《代理协议》等行为被认定为诈骗行为，构成合同诈骗罪，但在民商事领域，并不当然导致合同无效。刑事上

构成诈骗罪，一般而言，民事上属于以欺诈手段订立合同，除非存在特殊情形。《中华人民共和国合同法》第五十四条第二款规定："一方以欺诈、胁迫的手段或者乘人之危，使对方在违背真实意思的情况下订立的合同，受损害方有权请求人民法院或者仲裁机构变更或者撤销。"根据上述规定，案涉《代理协议》在效力上应认定为可撤销合同。在撤销权人中轻公司不行使撤销权的情形下，该合同应认定有效。依据中轻公司的工作分工，贸易二部开展棕榈油进口代理业务，主要由赵某征负责，故赵某征在与远大公司于洽谈案涉棕榈油代理业务时具有代理中轻公司行为的权限。中轻公司认可，案涉《代理协议》是赵某征利用合法贸易合同夹带该协议偷盖的真实的中轻公司6号合同专用章。远大公司在签订合同前，亦对中轻公司经营地以及相关证照进行了考察、验证。在办理案涉棕榈油进出口许可证时，远大公司申报过程中使用的是中轻公司电子密钥向中华人民共和国商务部提交文件，并与销售商签订《销售合同》，远大公司据此有理由相信合同相对方系中轻公司，相信赵某征是代表中轻公司与其签订代理合同。一审、二审法院认定赵某征的行为构成表见代理并在中轻公司主张合同有效的情形下，认定案涉《代理协议》有效并无不当，与刑事判决认定的事实并不冲突。一审、二审法院认定委托代理合同与刑事犯罪没有关联性确有不当，但其实体审理结果并无错误。

关于本案是否应在刑事案件执行终结后由远大公司另诉以及认定远大公司的实际损失为1406万元是否正确问题。如前所述，刑事案件与民事案件在价值取向、保护法益、责任形式、证明标准、举证责任承担等方面均存在不同。因同一法律事实分别产生刑事法律关系和民事法律关系的，构成刑事责任和民事责任的聚合，刑事责任的承担并不能否定民事责任的承担。刑事案件没有执行终结也并不影响民事案件的受理和审理。为避免民事权利人（同时为刑事被害人）双重受偿，执行法院可在执行中对于刑事追赃与民事责任，依据实体责任的认定进行综合处理。因此，刑事案件未执行终结并不意味着民事案件不能受理。由于刑事案件和民事案件审理的法律关系和救济的法益不同，本案所涉刑事判决书认定远大公司实际损失的标准和依据与本案一审、二审法院认定的标准和依据存在不同，并不违反法律规定和客观事实。本案一审、二审法院依据中轻公司基于《代理协议》而提出的诉请，认定远大公司的损失为远大公司开立信用证支付的金额扣减追回的赃款、中轻公司支付的保证金后的数额，并无不当。

刑事判决与民事判决是否存在法律冲突的问题。在民刑交叉案件中，由于救济的法益不同、责任形式不同，刑事案件与民事案件对于刑事被害人或者民事权利人的救济方式并不相同。在刑事判决明确进行追赃，民事判决则判决责任人承担民事责任的情形下，应对追赃与民事责任的认定和执行进行协调。在民事案件审理过程中，追赃款应从民事责任人赔偿范围内进行扣减。在执行过程中，执行法院应结合民事责任、刑事责任的认定，确定民事责任人应承担的民事责任范围和赃款的退还对象，避免民事权利人（刑事被害人）双重受偿。在民事案件已经执行完毕、刑事被害人的民事权益得到全部救济的情形下，因罪犯是民事责任的最终责任人，民事案件的责任人承担完民事责任后有权向罪犯追偿，因此，赃款应退还给民事责任人。本案中，中轻公司已全部履行本案项下全部给付义务，故案涉追赃款应给付中轻公司。一、二审法院未明确该事项虽存在不当，但该不当不影响本案实体审理结果。

温某擎、邢某财产损害赔偿纠纷再审审查与审判监督民事裁定书

最高人民法院（2017）最高法民申 4094 号

● **法院认为：**

本案中，邢某、温某擎、申某霞以签订合作协议的方式骗取被害单位沈阳欣桑达电子有限公司、被害人李某 943 万元，该案虽经生效刑事判决认定邢某、温某擎、申某霞犯合同诈骗罪，并在邢某、温某擎、申某霞刑事判决主文中写明"案发后扣押的赃款、赃物返还被害人，其余赃款、赃物继续追缴"，但刑事判决主文并未写明追缴或者责令退赔的具体内容，亦未明确刑事判决前是否存在已经发还被害人财产的问题，李某通过刑事判决追缴或者退赔的数额不明确、不具体。根据本案一审、二审法院查明事实，到目前为止，案涉刑事案件经追赃仅返还李某一辆奥迪车价值 60 万元，其余损失未经刑事追赃途径返还或追缴。在本院组织询问过程中，李某提供相关证据证明因刑事案件存在多个受害人且李某已获得了一辆奥迪车，故李某未能参与分配刑事案件执行程序中查扣的温某擎的财产140万元，温某擎也未履行《赔偿协议》约定的500万元赔偿，李某已另行提起民事诉讼主张该500万元赔偿且已得到法院生效判决支持；同时，《赔偿协议》明确约定该协议项下的500万元赔偿不影响李某其他损失的赔偿，而李某通过刑事追赃未能弥补其被诈骗的损失。在通过刑事追赃、退赔不能弥补李某全部损失的情况下，赋予被害人李某向人民法院另行提起民事诉讼的权利，有利于最大限度地保护被害人的合法权益，刑事判决与民事判决对于保护被害人的合法权益是相互补充的，并未加重温某擎等人的赔偿责任，人民法院受理李某提起的民事诉讼并无不当。

 **案例三**

焦某、赵某再审审查与审判监督民事裁定书
最高人民法院（2020）最高法民申2476号

◉ **法院认为：**

本案再审审查的争议焦点为焦某对刑事裁判涉财产部分执行中的退赔分配方案能否提起执行分配方案异议之诉。

本案的执行依据是发生法律效力的芜湖市中级人民法院（2013）芜中刑初字第00028号和（2015）芜中刑初字第00001号刑事判决书，执行部门按照刑事判决书认定的造成被害人的实际损失确定分配方案，是对该生效刑事裁判确定的责令退赔事项的执行。焦某作为刑事案件的受害人，对于执行部门因刑事审判部门依职权移送而启动并作出的执行行为，认为违反法律规定的，应当根据《刑事涉财执行规定》第十四条的规定，向执行法院提出书面异议，执行法院应当依照《民事诉讼法》第二百二十五条的规定处理。根据上述法律及司法解释的规定，在刑事裁判涉财产部分执行中，当事人、利害关系人向执行法院提出执行异议被驳回后，其救济途径应是向上一级法院申请复议，而不能提起执行异议之诉。

▷ **律师解析**

第一，被害人通过刑事退赃、退赔或追缴不能弥补全部损失情形下，被害人可以向罪犯之外的其他共同责任人提起民事诉讼，但已获得的赔付应当予以扣减。

根据《刑事诉讼法解释》（2021年修正）第一百七十六条的规定："被告人非法占有、处置被害人财产的，应当依法予以追缴或者责令退赔。被害人提起附带民事诉讼的，人民法院不予受理。追缴、退赔的情况，可以作为量刑情节考虑。"该条所禁止的是在刑事诉讼过程中被害人向被告人提起附带民事诉讼，但并未禁止刑事诉讼结束后被害人可以向被告人之外的其他主体提起诉讼寻求救济。刑事案件的被害人经过追缴或者退赔不能弥补损失的，以刑事案件被告人以外的责任主体为被告提起民事诉讼主张损失赔偿，并不违反一事不再理原则。

同时，最高人民法院民一庭关于"刑事案件的被害人经过追缴或者退赔不能弥补损失，另行提起民事诉讼的处理"的审判业务意见亦指出，《刑事诉讼法解释》第二百条规定："被害人或者其法定代理人、近亲属在刑事诉讼过程中未提起附带民事诉讼，另行提起民事诉讼的，人民法院可以进行调解，或者根据本解释第一百九十二条第二款、第三款的规定作出判决。"

综上，在解决犯罪行为引起物质损失的赔偿问题上，我国采取的是双轨制：一是赋予被害人及其法定代理人、近亲属在刑事诉讼过程中享有提起附带民事诉讼的权利；二是赋予被害人及其法定代理人、近亲属在刑事裁判生效后另行提起民事诉讼的权利。实质上，赋予了被害人以程序选择权，其可以根据自己的意愿自行选择解决民事损害赔偿的方式。为依法保障当事人的诉权，刑事案件的被害人经过追缴或者退赔不能弥补损失，向人民法院民事审判庭另行提起民事诉讼的，人民法院应当予以受理。

因此，若被害人通过退赔、退赃、追缴无法弥补全部损失的情形下，另行提起民事诉讼时，应具备以下前提条件：

（1）未能提起刑事附带民事诉讼，或刑事判决主文中判令追缴或退赔的数额不明确、不具体。

（2）刑事判决与民事判决承担责任的主体、范围不一致。

第二，若被害人对刑事裁判涉财产部分执行中的退赔分配方案不服，只能提起复议，而不能提起执行分配方案异议之诉。《刑事涉财执行规定》第十四条规定："执行过程中，当事人、利害关系人认为执行行为违反法律规定，或者案外人对执行标的主张足以阻止执行的实体权利，向执行法院提出书面异议的，执行法院应当依照民事诉讼法第二百二十五条的规定处理。人民法院审查案外人异议、复议，应当公开听证。"这是针对刑事案件执行中的财产提出案外人异议的规定，案外人提出异议后，若对裁定不服，仅能提起复议。该规定与民事执行中案外人对执行标的提出异议，申请执行人或案外人对裁定不服，可以向执行法院提起异议之诉不同。因此在刑事执行案件中，为了保障当事人重大实体权利，该条明确人民法院审查处理案外人异议、复议的，应当进行听证，否则属于重大程序违法。

综上所述，若通过刑事退赔、退赃、追缴无法弥补遭受的全部损失，请根据案件具体情况，积极争取法律赋予的权利，既可以另行提起民事诉讼，也可以提起异议、复议。

案外人如何主张对执行标的物的权利?

黄文柳　廖可军

在人民法院办理刑事裁判涉财产部分执行案件中，如果案外人认为其对执行标的物享有权利，有什么办法能参与到法院对标的物的处理过程中来，维护自己的合法权益呢?

 **案例一**

林某巧、朱某珺执行审查类执行裁定书

最高人民法院（2019）最高法执监 468 号

◉ **法院认为：**

从程序角度看，《刑事涉财执行规定》第十四条第二款明确规定："人民法院审查案外人异议、复议，应当公开听证。"这一规定明显不同于普通民事执行案件，虽与《执行异议和复议规定》不一致，但根据特别规定优先适用的法理，本案是对刑事案件执行中的财产提出案外人异议，应优先适用《刑事涉财执行规定》。在民事执行程序中，如果案外人对执行标的提出异议的，应当适用《民事诉讼法》第二百二十七条的规定，先由执行机构审查并作出裁定，申请执行人或案外人对裁定不服的，可以向执行法院提起债权人异议之诉或者案外人异议之诉。因此，异议之诉必须有申请执行人作为原告或者被告参加诉讼。

但由于大多数刑事涉财执行案件无申请执行人，即便进入异议之诉，也缺乏相应的诉讼当事人。故而对该问题适用《民事诉讼法》第二百二十五条的规定，一律通过异议、复议程序审查处理，程序简便、统一。鉴于此，《刑事涉财执行规定》对刑事裁判涉财产部分执行案件中的案外人异议，设计了不同于民事执行案件的处理程序，是在现行法律框架之下，相对较为合理的选择。由于没有异议之诉救济渠道，同时鉴于案外人异议涉及较为复杂的事实，又关系当事人重大实体权利，为确保程序公正，为各方当事人提供充分的程序保障，《刑事涉财执行规定》要求人民法院审查处理案外人异议、复议，应当公开听证。对于没有听证的案件，属于重大程序违法，应发回重新审查。

黄某兰、钟某华执行审查类执行裁定书
最高人民法院（2017）最高法执监 39 号

● 法院认为：

关于申诉人主张法院查封处置的房产为其合法善意取得财产、刑事裁判存在错误的问题。《刑事诉讼法》第二百三十四条规定，人民法院作出的判决，应当对查封、扣押、冻结的财物及其孳息作出处理。判决生效后，有关机关应当根据判决对查封、扣押、冻结的财物及其孳息进行处理。对查封、扣押、冻结的赃款赃物及其孳息，除依法返还被害人的以外，一律上缴国库。本案中，生效刑事裁判已明确判决对钟某周购买的登记在申诉人名下的房产予以追缴并发还被害单位广州市九佛电器有限公司。珠海中院根据生效刑事裁判对涉案房产进行查封并发还被害单位广州市九佛电器有限公司并无不当。申诉人主张涉案房产系其善意取得合法财产而非应当追缴的涉案财物，实质上是对执行依据的相关判项提出异议，不属于执行程序应当审查的范围，珠海中院作出执行裁定对此不予审查，而后广东高院维持，并无不当，应予维持。根据《最高人民法院关于刑事裁判涉财产部分执行的若干规定》第十五条的规定，执行过程中，案外人或被害人认为刑事裁判中对涉案财物是否属

于赃款赃物认定错误或者应予认定而未认定，向执行法院提出书面异议，可以通过裁定补正的，执行机构应当将异议材料移送刑事审判部门处理；无法通过裁定补正的，应当告知异议人通过审判监督程序处理。原审法院认为，申诉人对刑事裁判存在赃款赃物认定错误，可通过审判监督程序予以解决并无不当。

▶ 律师解析

通过分析以上两个案例可知，在刑事裁判涉财产部分执行程序中，根据《刑事涉财执行规定》的相关规定，案外人异议应分为两种程序：一是案外人阻止强制执行的异议，该制度在当前法律框架下，统一适用《民事诉讼法》（2021 年修正）第二百三十二条之规定，法院应当公开听证；二是案外人提审判监督程序，该制度直接借鉴了《民事诉讼法》第二百三十四条"案外人认为原判决、裁定错误的，依照审判监督程序办理"之规定。

（1）《刑事涉财执行规定》第十四条规定："执行过程中，当事人、利害关系人认为执行行为违反法律规定，或者案外人对执行标的主张足以阻止执行的实体权利，向执行法院提出书面异议的，执行法院应当依照民事诉讼法第二百二十五条的规定处理。人民法院审查案外人异议、复议，应当公开听证。"该条款不仅赋予了案外人就执行标的的提起执行异议的权利，而且实践中案外人对执行标的的主张足以阻止执行的实体权利的，执行机构应当予以实体审查。

因此，在刑事涉财产执行案件中，案外人如认为其对执行标的享有排除执行的实体权利的，可通过向执行法院提出书面异议的方式进行主张，人民法院应当公开听证。

（2）《刑事涉财执行规定》第十五条规定："执行过程中，案外人或被害人认为刑事裁判中对涉案财物是否属于赃款赃物认定错误或者应予认定而未认定，向执行法院提出书面异议，可以通过裁定补正的，执行机构应当将异议材料移送刑事审判部门处理；无法通过裁定补正的，应当告知异议人通过审判监督程序处理。"一方面，案外人的申诉可以通过裁定补正的，执行法院应将异议材料移送刑事审判部门处理；另一方面，案外人的申诉无法通过裁定补正的，执行法院应当告知异议人通过审判监督程序处理。

故而，在刑事裁判涉财产部分执行程序中，案外人对涉案标的物主张所有权，实质上属于对刑事裁判中涉案财物是否属于赃款赃物认定错误的异议，法院不宜直接裁定不予受理，但可根据《民事诉讼法》（2021 年修正）第二百三十二条规定立案受理后，裁定驳回其请求并告知案外人应当通过审判监督程序办理。

特别提示：在司法实务中，两种案外人异议的救济程序适用条件的区分标准在于，案外人阻止强制执行的异议一般针对刑事裁判涉财产部分执行过程中的案涉标的物，案外人提审判监督程序针对刑事裁判内容中所列的案涉标的物。

相关规定

《最高人民法院关于刑事裁判涉及财产部分执行的若干规定》

第一条　本规定所称刑事裁判涉财产部分的执行，是指发生法律效力的刑事裁判主文确定的下列事项的执行：

（一）罚金、没收财产；

（二）责令退赔；

（三）处置随案移送的赃款赃物；

（四）没收随案移送的供犯罪所用本人财物；

（五）其他应当由人民法院执行的相关事项。

刑事附带民事裁判的执行，适用民事执行的有关规定。

第十四条　执行过程中，当事人、利害关系人认为执行行为违反法律规定，或者案外人对执行标的主张足以阻止执行的实体权利，向执行法院提出书面异议的，执行法院应当依照民事诉讼法第二百二十五条的规定处理。人民法院审查案外人异议、复议，应当公开听证。

第十五条　执行过程中，案外人或被害人认为刑事裁判中对涉案财物是否属于赃款赃物认定错误或者应予认定而未认定，向执行法院提出书面异议，可以通过裁定补正的，执行机构应当将异议材料移送刑事审判部门处理；无法通过裁定补正的，应当告知异议人通过审判监督程序处理。

《中华人民共和国民事诉讼法》（2021 年修正）

第二百三十二条　当事人、利害关系人认为执行行为违反法律规定的，可以向负责执行的人民法院提出书面异议。当事人、利害关系人提出书面异议的，人民法院应当自收到书面异议之日起十五日内审查，理由成立的，裁定撤销或者改正；理由不成立的，裁定驳回。当事人、利害关系人对裁定不服的，可以自裁定送达之日起十日内向上一级人民法院申请复议。

第二百三十四条　执行过程中，案外人对执行标的提出书面异议的，人民法院应当自收到书面异议之日起十五日内审查，理由成立的，裁定中止对该标的的执行；理由不成立的，裁定驳回。案外人、当事人对裁定不服，认为原判决、裁定错误的，依照审判监督程序办理；与原判决、裁定无关的，可以自裁定送达之日起十五日内向人民法院提起诉讼。

《最高人民法院关于适用〈中华人民共和国刑事诉讼法〉的解释》（2021 年修正）

第四百五十一条　当事人及其法定代理人、近亲属对已经发生法律效力的判决、裁定提出申诉的，人民法院应当审查处理。案外人认为已经发生法律效力的判决、裁定侵害其合法权益，提出申诉的，人民法院应当审查处理。申诉可以委托律师代为进行。

在刑事退赔案件中，被执行公司破产，
被害人该如何得到救济？

吴俞霞　廖振威

单位犯罪案件中的单位，特别是因涉及非法集资类刑事犯罪而进入破产程序的单位，通常无财产可直接退赔被害人的损失，在此情形下，被害人该如何维护自己的权利呢？就让我们通过分析以下案例来告诉您，被害人该如何处理才能维护自己的利益。

 **案例一**

汪某、成都城南之星置业有限责任公司
普通破产债权确认纠纷再审审查与审判监督民事裁定书
四川省高级人民法院（2021）川民申494号

◉ **法院认为：**

本院经审查认为，《最高人民法院关于审理民间借贷案件适用法律若干问题的规定》第五条第一款规定："人民法院立案后，发现民间借贷行为本身涉嫌非法集资犯罪的，应当裁定驳回起诉，并将涉嫌非法集资犯罪的线索、材料移送公安或者检察机关。"本案中，再审申请人汪某通过普惠公司居间委托杨某作为投资管理人出借款项给城南公司，现普惠公司因涉嫌非法吸收公众存款罪已被成都市公安局锦江区分局于2016年6月22日立案侦查，本案中的民间借贷行为涉嫌犯罪。因此，原审法院根据上述规定，驳回汪某的起诉并

无不当。并且，汪某再审申请中所依据的《四川省高级人民法院关于审理破产案件若干问题的解答》"四、债权申报与审查　13. 在破产案件中，债务人或相关人员因涉嫌非法集资类刑事犯罪，相关刑事案件的被害人能否在破产程序中主张权利"的解答是："破产程序中涉及非法集资类犯罪问题时，首先应把刑事案件的涉案财产与破产财产进行区分。对于应返还给刑事案件被害人的特定财产，不属于破产财产，应通过在刑事程序中退赔等方式返还给受害人；对于已无法区分或者无区分必要的财产，则应当纳入破产财产在破产程序中一并处理……"本案中，汪某的出借款明确包含在普惠公司为城南公司向公众募集的 14000000 元资金中，因此，根据该条规定案涉汪某出借给城南公司的款项应属于刑事案件的涉案财产，不属于破产财产，不应当纳入破产财产在破产程序中一并处理。汪某认为根据该条规定应允许其在破产程序中申报破产债权、进行破产债权确认诉讼的主张与规定内容不符，不能成立。综上，汪某再审申请不符合《中华人民共和国民事诉讼法》第二百条第六项规定应当再审的情形，其再审申请事由不成立。

 **案例二**

彩虹（永州）燃气有限公司、
李某松破产债权确认纠纷民事二审民事判决书
湖南省永州市中级人民法院（2021）湘 11 民终 1694 号

● **法院认为：**

争议焦点在于：第一，被上诉人李某松对上诉人彩虹燃气公司享有的债权本金 340 万元属于普通债权还是具有优先性的债权；第二，上述 340 万元债权本金是否应当计算利息。

关于焦点一，一方面，上诉人彩虹燃气公司因犯非法吸收公众存款罪一案，刑事判决书生效后并进入了法院的强制执行程序后，彩虹燃气公司应向 113 名被害人（集资参与人）退赃，彩虹燃气公司在缺乏资金退赃的情况下，向被上诉人李某松等人借款，被上诉人李某松出借的 340 万元实质上是代为垫付上诉人彩虹燃气公司的退赔执行案款，根据《刑事涉财执行规定》第十三条的规定，以及《最高人民法院、最高人民检察院、公安部关于办理非法集资刑事案件若干问题的意见》中关于涉案财物追缴处置问题的规定："退赔集资参与人的损失一般优先于其他民事债务以及罚金、没收财产的执行"，被上诉人李某松对上诉人彩虹燃气公司享有的债权本金 340 万元应当优先于普通债权，属于具有优先性的债权。另一方面，上诉人彩虹燃气公司系从事零陵区天然气供应的特种行业公司，该公司能否正常营业和供气，涉及全区公共安全和社会稳定。在该公司及其原法人代表涉嫌非法吸收公众存款罪被采取刑事羁押措施后，该公司面临集资参与人集体闹访、围堵气站等实际困难，113 名集资参与人的退赃问题亟待解决。在该公司无法继续经营的情况下，被上诉人李某松等人代为履行该公司的退赔案款，保障了该公司的正常运营，避免了该公司及债权人利益损失继续扩大，对维护全体债权人共同利益、维护社会稳定和公共利益均有显著的积极作用。因此，认定被上诉人李某松的债权本金 340 万元属于具有优先性的债权，并不违反公平原则。

关于焦点二，根据审理查明的事实，上诉人彩虹燃气公司与被上诉人李某松签订的《借款合同》，借款用途明确，没有证据证明该合同是在违背上诉人的真实意思表示的情况下签订的，亦不存在违反法律、行政法规的强制性规定而导致合同无效的情形，故上诉人提出《借款合同》无效的上诉理由不能成立，本院不予支持。二审期间，被上诉人李某松主动表示愿意不按《借款合同》约定的利率计息，仅按照资金占用期间年利率 6% 主张借款利息，本院认为，虽然被上诉人李某松出借 340 万元系代为垫付上诉人彩虹燃气公司的退赔执行案款，在彩虹燃气公司进入破产程序后，若仍完全按照上诉人彩虹燃气公司与被上诉人李某松签订的《借款合同》约定的月利率 2% 计算借款利息，则会大大增加企业的负担，从而影响其他债权人公平受偿。鉴于被上诉人李某松身份并不能完全等同于刑事案件中的集资参与人或者被告人，对于其出借款项不计算任何利息亦有失公平，从该笔借款避免彩虹燃气公司及债权人利益损失继续扩大，对维护全体债权人共同利益、维护社会稳定和公共利益等发挥了积极作用的实际情况出发，可酌情按照年利率 6% 认定资金占用期间利息，即确认上诉人彩虹燃气公司欠被上诉人李某松的借款利息从出借之日计算至破产受理之日 2019 年 8 月 28 日止，利息为 364000 元，其性质为普通债权。

陈某桂、中国建设银行股份有限公司
淳安支行破产债权确认纠纷二审民事判决书

浙江省杭州市中级人民法院（2020）浙01民终4958号

◉ 法院认为：

本案争议焦点为建行淳安支行向巨龙公司管理人申报90套房产的债权性质是否具有优先性。

就此争议，该院评析如下：首先，浙江省淳安县人民法院（2013）杭淳刑初字第546号刑事判决书查明，2009年9月至2011年9月，巨龙公司在阳光水岸房产销售期间，该公司副总经理余某、谢某如为取得银行贷款，分别有偿委托中间人，并通过中间人介绍，有偿委托94人与巨龙公司签订94份虚假商品房买卖合同，并以虚假合同等资料向银行申请个人住房贷款，从银行骗取个人住房贷款金额7276.4万元（其中建行淳安支行为7075.8万元）。截至2014年12月31日，巨龙公司造成建行淳安支行贷款损失5614.12余万元，并判决巨龙公司犯骗取贷款罪，责令巨龙公司向建行淳安支行退赔贷款损失5614.12余万元。

该刑事判决书认定巨龙公司犯骗取贷款罪，建行淳安支行为该刑事案件的受害人，但该刑事判决书并未认定建行淳安支行与巨龙公司存在恶意串通行为，亦无法得出骗取贷款过程中建行淳安支行存在过错。且从该刑事判决书认定的事实来看，虽然巨龙公司骗取贷款的行为已被认定为骗取贷款罪，但骗取银行贷款仅是巨龙公司一方的目的，无有效证据证明建行淳安支行存在参与骗取贷款的行为；从合同履行的情况来看，建行淳安支行依约发放了合同项下的贷款，贷款本息未按约获得清偿。结合贷款合同法律关系的成立及履行，建行淳安支行属于被欺诈一方。根据《中华人民共和国合同法》第五十四条的规定，建行淳安支行对合同享有撤销权，但其并未主张撤销合同，故案涉抵押借款合同并不当然认定无效。

本院注意到，浙江省淳安县人民法院（2013）杭淳刑初字第 238 号刑事判决书查明，王某平原系建行淳安支行的合同制工人，其于 2009 年至 2011 年任建行淳安支行个人金融部个贷区负责人期间，利用贷款审核及发放职务上的便利，非法收受时任巨龙公司常务副总经理余某、谢某如给予的 110000 元，为巨龙公司在阳光水岸度假村项目贷款上提供便利。该刑事判决书认定王某平作为银行工作人员，其在金融活动中非法收受他人财物，为他人谋取利益，数额巨大，其行为构成非国家工作人员受贿罪。通过该刑事判决书的认定可知，王某平所犯罪名为非国家工作人员受贿罪，仅认定其为贷款提供便利，并未涉及存在其他违规行为，无法据此认定建行淳安支行与巨龙公司存在恶意串通虚假按揭的行为。

本院亦注意到本院（2015）浙杭刑终字第 275 号刑事判决书第 33 页关于骗取贷款事实中有"银行工作人员获得个人非法利益后未正当履行职责，为东方巨龙杭州公司骗取贷款客观上创造了便利条件"的表述内容，该内容指向的建行淳安支行内部管理上的问题，尚不足以支持陈某桂关于"建行淳安支行个贷部经理王某平收受贿赂后为贷款提供便利，银行行长也从巨龙公司获取非法利益并授意办理假按揭，建行淳安支行与巨龙公司串通虚假按揭，其存在重大过错不具备被害人身份"的上诉理由。

其次，建行淳安支行签订抵押借款合同并办理抵押预告登记的行为，按照《中华人民共和国物权法》（以下简称《物权法》）第九条第一款之规定，真实有效。建行淳安支行向管理人申报债权时，虽然未对债权是否有财产担保作出明确意思表示，但结合其申报债权时 90 套房产存在抵押预告登记的客观事实，其申报债权的事实内容和其与管理人的后续沟通，以及债权异议函均有提及担保物权、优先债权等内容，可以认定其未放弃过债权的优先性。

再次，管理人基于房地产企业破产的特殊性，为整体处置资产需要，申请法院裁定注销抵押预告登记的行为，不能推导出建行淳安支行抵押预告登记对应的债权丧失优先性。

最后，原审法院对破产程序中刑事受害人的债权具有优先性的认定不符合企业破产法对各类债权性质的分类认定，本院对此不予认同。原审法院认定的建行淳安支行的优先债权金额范围未超过抵押担保债权额的范围，未损害其他债权人的利益。

综上所述，法院认为，管理人审查确认建行淳安支行的债权 56141204.45 元，应属抵押担保债权，具有优先受偿性。

⊡ 律师解析

通过上述案例分析可知，在刑事执行退赔时，作为被执行人的公司破产，刑事裁判文书确定的退赔损失未获得赔付，被害人可向破产公司管理人申报债权，参与分配。

第一，应当先区分退赔财产与破产财产的性质。

《刑法》第六十四条规定："犯罪分子违法所得的一切财物，应当予以追缴或责令退赔。"《刑事涉财执行规定》第十条规定："对赃款赃物及其收益，人民法院应当一并追缴。被执行人将赃款赃物投资或者置业，对因此形成的财产及其收益，人民法院应予追缴。被执行人将赃款赃物与其他合法财产共同投资或者置业，对因此形成的财产中与赃款赃物对应的份额及其收益，人民法院应予追缴。对于被害人的损失，应当按照刑事裁判认定的实际损失予以发还或者赔偿。"前述法律明确了犯罪分子因实施犯罪活动而从被害人处取得的财产为"违法所得"，退赔即将违法所得的财物退还或赔偿给被害人。而依据《中华人民共和国企业破产法》（以下简称《企业破产法》）（2006 年）第三十条"破产申请受理时属于债务人的全部财产，以及破产申请受理后至破产程序终结前债务人取得的财产，为债务人财产"之规定，公司破产财产指其合法取得的财产。此时，若能明确区分退赔财产和破产财产，被害人可依据《企业破产法》第三十八条"人民法院受理破产申请后，债务人占有的不属于债务人的财产，该财产的权利人可以通过管理人取回。但是，本法另有规定的除外"等相关法律的规定，在刑事执行退赔程序中直接向破产管理人申请取回已特定化的财产。

第二，若退赔财产与破产财产已经混同，无法区分或无财产退赔时，可直接向破产管理人申报债权。

虽然目前未有明确的法律规定，对于刑事裁判确定的被害人的损失，可直接向破产管理人申报债权并参与分配。但在司法实践中，《企业破产法》第四十四条规定："人民法院受理破产申请时对债务人享有债权的债权人，依照本法规定的程序行使权利。"《最高人民法院关于依法审理和执行被风险处置证券公司相关案件的通知》第五条规定："证券公司进入破产程序后，人民法院作出的刑事附带民事赔偿或者涉及追缴赃款赃物的判决应当中止执行，由相关权利人在破产程序中以申报债权等方式行使权利；刑事判决中罚金、没收财产等处罚，应当在破产程序债权人获得全额清偿后的剩余财产中执行。"《四川省高级人民法院关于印发〈关于审理破产案件若干问题的解答〉的通知》第四部分第13点规定："在破产案件中，债务人或相关人员因涉嫌非法集资类刑事犯罪，相关刑事案件的被害人能否在破产程序中主张权利？答：破产程序中涉及非法集资类犯罪问题时，首先应把刑事案件的涉案财产与破产财产进行区分。对于应返还给刑事案件被害人的特定财产，不属于破产财产，应通过在刑事程序中退赔等方式返还给受害人；对于已无法区分或者无区分必要的财产，则应当纳入破产财产在破产程序中一并处理。鉴于非法集资与民间借贷，均是以借款合同为基础而形成的法律关系，只是前者因人数、情节、影响达到了需要刑事法律调整的范围而受到刑法的否定性评价，为公平保护刑事被害人的权利，应允许刑事被害人在破产程序中以申报债权的方式行使权利。在债权数额认定上，相较于因与债务人正常交易而产生债权的债权人，刑事案件被害人作为非法金融活动的参与者，其往往本身也具有一定的过错，其享有的权利依法不能优于合法的普通民事债权人，对其债权通常按民间借贷规则进行调整。"《广东省高级人民法院关于印发〈广东省高级人民法院关于审理企业破产案件若干问题的指引〉的通知》第一百二十一条规定："破产案件受理后，针对债务人财产生效刑事裁判的执行应当中止。生效刑事判决对债务人处以罚金、没收财产的，执行法院可以持判决书向管理人申报债权。"依据上述规定及前述分享案例可知，对于刑事裁判文书确定的退赔被害人损失，被害人可向破产管理人申报债权，且该债权一般以刑事裁判文书确定的损失为准。如果被害人有证据证明其还有其他的损失且认定该损失的事实与刑事裁判文书认定的犯罪事实不同的，则可按照民事债权申报程序一并申报，或另行提起诉讼确认民事债权。

第三，被害人的债权与普通民事债权，受偿顺位如何确定？其实在司法实践中，有两种不同的处理方式：

其一，认为被害人的债权优于普通民事债权受偿。《刑事涉财执行规定》第十三条规定："被执行人在执行中同时承担刑事责任、民事责任，其财产不足以支付的，按照下列顺序执行：（一）人身损害赔偿中的医疗费用；（二）退赔被害人的损失；（三）其他民事债务；（四）罚金；（五）没收财产。债权人对执行标的依法享有优先受偿权，其主张优先受偿的，人民法院应当在前款第（一）项规定的医疗费用受偿后，予以支持。"该规定实质上属于对执行竞合情形的法律规定，并确定了刑事退赔的执行顺位优先于其他普通民事债务的原则。退赔的财产属于犯罪违法所得，应视为被害人财产，不属于犯罪人在民法上的责任财产，被害人要求退赔的权利属于物权请求权或类似物权请求权，故其优先于普通民事债务受偿。《广东省高级人民法院关于印发〈广东省高级人民法院关于审理企业破产案件若干问题的指引〉的通知》第一百二十二条规定："生效刑事判决认定债务人返还受害人赃款、赃物，破产案件受理前，赃款在刑事程序中已经特定化、赃物与破产财产区分的，受害人可以向管理人主张取回。破产案件受理时，刑事程序并未以查封、扣押等措施将赃款特定化，赃物无法与破产财产区分的，受害人可以赃款、赃物的价值向管理人申报债权并主张优先受偿。破产案件受理时赃物与破产财产可以区分，因管理人或相关人员执行职务导致无法区分，受害人主张债务人赔偿赃款、赃物的价值并作为共益债务处理的，人民法院应予支持。"

其二，认为被害人的债权与普通民事债权受偿顺位相同。依据前述分析，被害人的退赔范围主要是将犯罪分子的违法所得的财物予以退还或赔偿，而破产财产属于合法财产，不属于退赔被害人的范围。即"退赔"包含"退"和"赔"两部分，"退"是将追缴的赃款赃物（含转化物及收益）退还给被害人；"赔"是指赃款赃物退还不足后，以犯罪人合法财产予以赔偿。因此，"赔"的部分与其他民事债权一样，均是用被执行人的合法财产清偿，均系债权请求权，所指向的对象均是被执行人的合法财产，该财产没有明确的指向和特定化，也没有前述分析的"物权化""特定化"的效力。当被执行人同时承担"赔"的责任和其他民事债务时，"赔"的部分并不具备优先于其他民事债务的特性，应当按照《企业破产法》第一百一十三条规定的破产清偿顺序予以分配。如《四川省高级人民法院关于印发〈关于审理破产案件若干问题的解答〉的通知》第四部分第13点就规定，被害人的退赔损失债权不享有优先受偿权。

结　语

　　此类刑民交叉案件较为复杂，法律规定的不明确导致司法实践中，各地法院存在不同的处理方式。律师建议：在刑事退赔案件中，如被执行公司已进入破产程序，又确定有可退赔的财产时，被害人应当第一时间依据刑事裁判文书通过刑事执行程序退赔的方式实现自己的债权，如前述方式无法实现债权，则应积极向破产管理人申报债权。

刑事判决与民事判决对同一债权作出认定，
债权人该怎么办？

黄文柳　吕奇文

在刑民交叉案件中，常有刑事判决与民事判决对同一债权作出认定的情况，此时债权人应该怎么办？下面通过相关案例对该问题进行分析。

 案例一

蔡某科与新化县桑梓镇兴华煤矿借款合同纠纷一案执行裁定书
湖南省新化县人民法院　（2017）湘 1322 执恢 606 号

【案情简介】

2015 年 7 月 30 日，新化县人民法院对原告蔡某科与被告新化县桑梓镇兴华煤矿民间借贷纠纷一案作出（2015）新法民一初字第 109 号民事判决书，判令被告新化县桑梓镇兴华煤矿偿还原告蔡某科本金 22 万元及利息等。因被告未按该民事判决履行义务，蔡某科向法院申请强制执行。

2018 年 11 月 16 日，新化县桑梓镇兴华煤矿的法定代表人钟某春等相关人员犯非法吸收公众存款罪，新化县人民法院作出（2017）湘 1322 刑初 486 号刑事判决书，判令追缴被告人钟某春等及其开办的新化县兴华煤矿违法所得人民币 1127.758377 万元并责令退赔集资参与人（含前述民事债权人蔡某科）。

● 法院认为：

本院已依法判决：追缴被告人钟某春及其开办的新化县桑梓镇兴华煤矿违法所得人民币 1127.758377 万元并责令退赔集资参与人。本案申请执行人蔡某科申请执行新化县桑梓镇兴华煤矿借款合同纠纷一案中，本院的（2015）新法民一初字第 109 号民事判决书，判决：由被告新化县桑梓镇兴华煤矿偿还原告蔡某科本金 220000 元及利息，并承担案件受理费 6220 元。根据《刑事涉财执行规定》第十三条，申请执行人蔡某科可以在本院作出的（2017）湘 1322 刑初 486 号刑事判决书确定的追缴被告人钟某春及其开办的新化县桑梓镇兴华煤矿违法所得人民币 1127.758377 万元中主张其债权。本院的（2015）新法民一初字第 109 号民事判决书可以终结执行。基于此，裁定终结新化县人民法院（2015）新法民一初字第 109 号民事判决书的执行。

 案例二

徐某峰与袁某、徐某兰民间借贷纠纷执行裁定书

江苏省泰兴市人民法院（2020）苏 1283 执 3939 号

● 法院认为：

本院民事判决书中确定的申请执行人的债权已经在被执行人定罪量刑时作为被执行人的非法所得进行认定，本院（2014）泰刑初字第 0483 号刑事判决书亦确认了在依法追缴被执行人的违法所得后要发还给包括本案申请执行人在内的受害人。本院刑事审判庭于 2015 年 2 月 23 日已将该案移送执行，现刑事退赔与本案民事执行内容已发生重合，本案执行依据虽未撤销，但继续执行将导致重复执行，且本案申请人在刑事退赔案件中已分得案款 169851 元（款项发还在本案中）。综上所述，本案执行程序应予终结。依照《民事诉讼法》第二百五十七条第（六）项，最高人民法院《关于执行案件立案、结案若干问题的意见》第十七条第（十三）项规定，裁定如下：终结本院民事判决书的执行。

丁某如、李某珠、谢某銮等执行分配方案异议之诉二审民事判决书

福建省南平市中级人民法院（2018）闽 07 民终 531 号

◉ 法院认为：

建阳法院一审认为，应当判明王某贤、邝某生、李某雄等 44 人的执行依据是刑事判决书中的事实认定，还是法院的民事调解书。以本案事实中查明的李某珠和邝某生为例，李某珠在刑事判决中事实认定的退赔金额为 7491000 元，而后其以民间借贷为由起诉谢某兴、叶某金二人，经调解后作出（2013）潭民初字第 1430 号、第 1433 号民事调解书认定结欠借款本金分别为 4100000 元、3600000 元，合计 7700000 元，后李某珠以该调解书向建阳法院申请执行，参与两次分配时方案分配的执行依据为上述民事调解书，债权金额合计为 7700000 元；邝某生在刑事判决书中事实认定的退赔金额 5905340 元，为邝某生起诉谢某兴、叶某金两案，而后其以民间借贷为由起诉谢某兴、叶某金二人，经调解后作出（2013）潭民初字第 1247、1431 号民事调解书认定结欠借款本金分别为 2100000 元、3900000 元，合计 6000000 元，后邝某生以调解书向建阳法院执行局申请执行，参与两次分配时方案分配的执行依据为上述民事调解书，债权金额为 6000000 元。结合两次分配方案的内容和上述案例，可知两次执行分配的依据均为民事调解书，并非刑事判决中事实认定的退赔金额。综上，一审法院认为，执行分配方案异议之诉主要在于解决争议当事人之间关于分配方案的争议，即对执行分配方案中的债权的分配数额、分配顺位、是否已经履行、是否超过申请执行时效等事项所提出的异议。本案王某贤、邝某生、李某雄等 44 人与谢某军均以法院生效民事文书确认向法院申请执行，并实际领取分配款项，诉争两次分配方案将上述双方作同等地位参与分配，并无不当，对王某贤、邝某生、李某雄等 44 人提出的诉讼请求，不予支持。

南平中院二审认为，一审判决认定事实清楚，适用法律正确，应予维持。

依照《中华人民共和国民事诉讼法》第一百七十条第一款第（一）项规定，判决如下：驳回上诉，维持原判。

▣ 律师解析

通过上述案例可知：

当刑事判决和民事判决对同一债权进行认定时，根据《刑事涉财执行规定》第十三条第一款，刑事退赔被害人损失优先于其他民事债务原则，实践中以刑事判决作为执行依据。在执行分配中，以刑事判决确定的金额进行分配。

刑事判决与民事判决重复认定同一债权，刑事案件已经移送执行的，民事执行程序应予终结。

在刑事判决与民事调解书重复认定同一债权的情况下，债权人以民事调解书作为执行依据的，应当作为普通债权人参与分配，不得主张刑事被害人优先于普通债权人受偿。

结　语

当通过民事程序维护自身合法权益的同时，请关注被告的行为是否涉嫌犯罪，如被告确因涉嫌犯罪而进入刑事程序的，请积极申报被害人身份，以期在得到刑事判决结果后，更好地维护自身权益。

相关规定

《最高人民法院关于刑事裁判涉财产部分执行的若干规定》

第十三条第一款　被执行人在执行中同时承担刑事责任、民事责任，其财产不足以支付的，按照下列顺序执行：

（一）人身损害赔偿中的医疗费用；

（二）退赔被害人的损失；

（三）其他民事债务；

（四）罚金；

（五）没收财产。

刑事裁判认定的赃款赃物，案外人能否善意取得？

吴俞霞　廖振威

"买买买"是我们的日常，但作为普通消费者的我们在线下购物时，特别是在购买高价值商品时，却很难判断该商品的所有权人或有处分权人。万一您购买的商品因被刑事裁判文书认定为"赃款赃物"而被追缴，那就亏大发了！那么此时，已成为该商品所有权人的您，能否以自己对商品来源或根源不知情为由，主张"善意取得"呢？

 案例一

师某伟、曹某军执行审查类执行裁定书
河南省高级人民法院（2021）豫执复 157 号

● **法院认为：**

根据复议申请人的异议、复议请求和理由，本案的争议焦点为师某伟对案涉房产是否享有足以排除执行的权益。

根据《刑事涉财执行规定》第十一条第二款规定，第三人善意取得涉案财物的，执行程序中不予追缴。该规定系排除刑事裁判涉财产部分执行的例外情形，如果善意第三人取得刑事涉案财物时是善意的，即使刑事判决认定该涉案财物为赃款赃物予以追缴，仍可以排除执行。本案中，生效的执行依据是本院（2014）豫法刑一终字第 182 号刑事裁定及安阳中院（2013）安中刑一初字第 22 号刑事判决，上述裁判文书认定曹某军非法吸收公众存款及集

资诈骗的犯罪事实，判处对公安机关查扣的赃款、赃物予以追缴，并返还给集资群众，其余赃款继续追缴。且安阳中院刑庭的"曹某军一案资产移交清单"记载："曹某军集资诈骗一案应移交执行的资产清单如下：华城国际花园16套房产（其中包括案涉房产），同时《公安处置意见》及《检察审查意见》均认定案涉房产属于涉案资产，应予追缴。"执行法院追缴案涉房产符合法律规定。师某伟作为案外人，主张对案涉房产享有排除执行的权利，应当根据《刑事涉财执行规定》第十一条规定，对其善意取得案涉房产承担举证证明责任。本案中，案涉房产的所有权仍登记在华城公司名下。华城公司于2009年12月29日取得华城国际花园5号、7号、8号、12号楼商品房预售许可证，同期对外预售房屋，均签订有河南省建设厅、河南省工商行政管理局监制的商品房买卖合同示范文本，但其将案涉房产与曹某军抵顶工程款，没有签订相应书面合同，不符合商品房买卖交易习惯及常理。且文泰分局已于2012年4月23日冻结（查封）所有以工程款名义抵给曹某军的57套房屋（其中包括案涉房产）的后续手续办理，案外人房屋买卖协议签订于查封之后，亦未办理过户登记。根据《刑事涉财执行规定》第十六条，参照《物权法》第九条、第一百零六条的规定，物权的设立、变更、转让、消灭，经依法登记，发生效力，未经登记，不发生效力。转让的不动产或者动产依照法律规定应当登记的已经登记，不需要登记的已经交付给受让人，受让人才可能取得该不动产或者动产的所有权。故师某伟未取得物权，不享有善意第三人的权利，其享有的权利属于债权，不能排除对案涉房产的追缴执行。如仍认为生效刑事判决将案涉房产认定为赃物错误，可依照《刑事涉财执行规定》第十五条规定，通过审判监督程序予以救济。综上，师某伟的复议请求和理由无事实根据和法律依据，本院不予支持。安阳中院异议裁定认定事实清楚，适用法律正确，结果应予维持。

王某、陈某杰、陈某俤等其他案由执行审查类执行裁定书
福建省高级人民法院（2020）闽执复 66 号

◉ **法院认为：**

本案的争议焦点为复议申请人王某能否取得案涉车辆的所有权并排除执行。

首先，由于部分刑事裁判涉财产执行案件因缺乏诉讼当事人而无法进入异议之诉程序，结合《刑事涉财执行规定》第十四条规定，对于案外人以其对争议财产享有排除执行的实体权利提出异议的，人民法院应依据《民事诉讼法》第二百二十五条规定的程序处理，但应按照执行异议之诉的标准进行实质审查。

其次，根据《刑事涉财执行规定》第十一条第二款的规定，即使刑事裁判认定为赃款赃物，第三人也可以善意取得，并在执行程序中不予追缴。本案的执行内容为没收被执行人陈某杰全部财产等。案外人如符合善意取得条件，应支持其异议请求。

最后，复议申请人王某作为陈某杰等人集资诈骗犯罪的集资参与人，在本案中又提交了向陈某杰购买车辆和占有车辆的相关证据。福州中院应结合案涉车辆在 2013 年 11 月 27 日至 2014 年 1 月期间的违章情况，王某在刑事程序中的陈述、职业、消费习惯等对王某支付给陈某杰 200 万元的性质以及案涉车辆是否构成善意取得进行认定，而不是简单根据车辆登记信息以及转账性质不明作出裁判。

 **案例三**

王某丽、曲某申请承认与执行法院判决、

仲裁裁决案件执行审查类执行裁定书

最高人民法院（2018）最高法执监843号

● **法院认为：**

本案的争议焦点为王某丽认为其已取得涉案房产的所有权从而排除执行的主张，应当通过何种程序寻求法律救济。

在本案的执行依据大连中院（2016）辽02刑初17号刑事判决中，第二判项载明："曲某名下金州区光明街道文润金宸45号2单元12层2号房产（即涉案房产）依法予以追缴，退赔被害人。"故涉案房产系刑事判决认定的赃物，王某丽主张该涉案房产系其善意取得而非应当追缴的涉案财物，实质上并不是对执行过程中有关执行行为提出异议，而是对执行依据，即对大连中院（2016）辽02刑初17号刑事判决的相关判项提出异议，该异议不属于执行程序应当审查的范围，辽宁高院（2017）辽执复301号执行裁定撤销大连中院（2017）辽02执异389号执行裁定并无不当。《刑事涉财执行规定》第十五条规定："执行过程中，案外人或被害人认为刑事裁判中对涉案财物是否属于赃款赃物认定错误或者应予认定而未认定，向执行法院提出书面异议，可以通过裁定补正的，执行机构应当将异议材料移送刑事审判部门处理；无法通过裁定补正的，应当告知异议人通过审判监督程序处理。"根据该规定，王某丽如认为大连中院（2016）辽02刑初17号刑事判决存在赃物认定错误的情况，可对该判决申请再审，通过审判监督程序予以解决。

▶ **律师解析**

综合前面几个案例可知，作为案外人的消费者购买的商品虽然已被刑事裁判文书认定为赃款赃物，但若符合法律规定的"善意取得"的情形，是可以排除执行的。那么如何能达到"善意取得"的门槛呢？

一、主张善意取得应当满足如下条件，并有举证的责任

依据《刑事涉财执行规定》第十一条的规定，善意取得应当满足如下要件：

1. 案外人在取得涉案财产时是善意

由于善意属于案外人的一种主观意识，判断是否善意，实践中一般以案外人是否明知该财产属于赃款赃物为准，而是否明知则需要综合交易习惯、双方各负的法律义务来判断，如在合法的拍卖或交易场所，所购买的财产即使实际上属于赃款赃物，也应认定为善意。

2. 应当支付合理对价，不能以无偿或者明显低于市场价格取得案涉财产

对于是否"合理"的判断可以依据《最高人民法院关于适用〈中华人民共和国民法典〉物权编的解释（一）》第十八条"民法典第三百一十一条第一款第二项所称'合理的价格'，应当根据转让标的物的性质、数量以及付款方式等具体情况，参考转让时交易地市场价格以及交易习惯等因素综合认定"的规定认定，而《最高人民法院关于印发〈全国法院贯彻实施民法典工作会议纪要〉的通知》第九条规定得更为具体："对于民法典第五百三十九条规定的明显不合理的低价或者高价，人民法院应当以交易当地一般经营者的判断，并参考交易当时交易地的物价部门指导价或者市场交易价，结合其他相关因素综合考虑予以认定。转让价格达不到交易时交易地的指导价或者市场交易价百分之七十的，一般可以视为明显不合理的低价；对转让价格高于当地指导价或者市场交易价百分之三十的，一般可以视为明显不合理的高价。当事人对于其所主张的交易时交易地的指导价或者市场交易价承担举证责任。"

3. 通过合法途径获取案涉财产或受到法律保护的权益

根据任何人不得从违法犯罪活动中获利的原则，如第三人通过他人清偿赌债等非法债务取得赃物，或者通过盗窃、诈骗等违法犯罪手段取得赃物，都不适用善意取得。

4. 转让的案涉财产依照法律规定应当登记的已经登记，不需要登记的已经交付给受让人

根据《民法典》第三百一十一条善意取得的规定，转让的不动产或者动产依照法律规定应当登记的已经登记，不需要登记的已经交付给受让人。

二、主张善意取得排除执行后，仍可能面临原所有权人的被害人的另案起诉的风险

依据《刑事涉财执行规定》第十一条第二款的规定，若原所有权人的被害人对该财产主张权利的，人民法院应当告知其通过诉讼程序处理。为了平衡刑事案件受害人与民事案外人之间的利益，即使案外人通过主张善意取得排除执行，但作为刑事案件的受害人即案涉财产的原始所有权人，仍有权通过另案诉讼的方式对案涉赃物主张权益。

三、若案外人认为刑事裁判认定的财产属于赃款赃物存在错误，或被害人认为应认定为赃款赃物而未予以认定且无法裁定补正的，应通过审判监督程序救济

《刑事涉财执行规定》第十五条规定："执行过程中，案外人或被害人认为刑事裁判中对涉案财物是否属于赃款赃物认定错误或者应予认定而未认定，向执行法院提出书面异议，可以通过裁定补正的，执行机构应当将异议材料移送刑事审判部门处理；无法通过裁定补正的，应当告知异议人通过审判监督程序处理。"

律师建议，若案外人有充分证据证明案涉财产不属于赃款赃物的，或被害人有充分证据证明案涉财产属于赃款赃物应当予以追缴退还的，可以直接向执行法院提出书面异议，刑事审判部门无法通过裁定予以认定的，案外人或被害人可直接针对刑事裁判文书提起审判监督程序。

相关规定

《最高人民法院关于刑事裁判涉财产部分执行的若干规定》

第十一条　被执行人将刑事裁判认定为赃款赃物的涉案财物用于清偿债务、转让或者设置其他权利负担，具有下列情形之一的，人民法院应予追缴：

（一）第三人明知是涉案财物而接受的；

（二）第三人无偿或者以明显低于市场的价格取得涉案财物的；

（三）第三人通过非法债务清偿或者违法犯罪活动取得涉案财物的；

（四）第三人通过其他恶意方式取得涉案财物的。

第三人善意取得涉案财物的，执行程序中不予追缴。作为原所有人的被害人对该涉案财物主张权利的，人民法院应当告知其通过诉讼程序处理。

第十四条 执行过程中，当事人、利害关系人认为执行行为违反法律规定，或者案外人对执行标的主张足以阻止执行的实体权利，向执行法院提出书面异议的，执行法院应当依照民事诉讼法第二百二十五条的规定处理。

人民法院审查案外人异议、复议，应当公开听证。

第十五条 执行过程中，案外人或被害人认为刑事裁判中对涉案财物是否属于赃款赃物认定错误或者应予认定而未认定，向执行法院提出书面异议，可以通过裁定补正的，执行机构应当将异议材料移送刑事审判部门处理；无法通过裁定补正的，应当告知异议人通过审判监督程序处理。

《中华人民共和国民法典》

第三百一十一条 无处分权人将不动产或者动产转让给受让人的，所有权人有权追回；除法律另有规定外，符合下列情形的，受让人取得该不动产或者动产的所有权：

（一）受让人受让该不动产或者动产时是善意；

（二）以合理的价格转让；

（三）转让的不动产或者动产依照法律规定应当登记的已经登记，不需要登记的已经交付给受让人。

受让人依据前款规定取得不动产或者动产的所有权的，原所有权人有权向无处分权人请求损害赔偿。

当事人善意取得其他物权的，参照适用前两款规定。

第五百三十九条 债务人以明显不合理的低价转让财产、以明显不合理的高价受让他人财产或者为他人的债务提供担保，影响债权人的债权实现，债务人的相对人知道或者应当知道该情形的，债权人可以请求人民法院撤销债务人的行为。

《最高人民法院关于印发〈全国法院贯彻实施民法典工作会议纪要〉的通知》

第九条 对于民法典第五百三十九条规定的明显不合理的低价或者高价，人民法院应当以交易当地一般经营者的判断，并参考交易当时交易地的物价部门指导价或者市场交易价，结合其他相关因素综合考虑予以认定。

转让价格达不到交易时交易地的指导价或者市场交易价百分之七十的，

一般可以视为明显不合理的低价；对转让价格高于当地指导价或者市场交易价百分之三十的，一般可以视为明显不合理的高价。当事人对于其所主张的交易时交易地的指导价或者市场交易价承担举证责任。

《最高人民法院关于适用〈中华人民共和国民法典〉物权编的解释（一）》

第十八条 民法典第三百一十一条第一款第二项所称"合理的价格"，应当根据转让标的物的性质、数量以及付款方式等具体情况，参考转让时交易地市场价格以及交易习惯等因素综合认定。

应予追缴的违法所得是否可以用于清偿民事债务?

黄文柳　廖可军

在刑事案件审判中,我们往往可以看到判决文书里有"追缴违法所得"的表述。那么在犯罪分子身负民事债务时,债权人能否向法院申请用该"违法所得"来清偿犯罪分子的民事债务呢?

 **案例一**

成都锐美云商网络科技有限公司、

四川鑫圆网络科技有限公司民事执行审查类执行裁定书

四川省高级人民法院（2020）川执监 203 号

【案情简介】

四川省丹棱县人民法院在执行被执行人杨某伟、宋某平等追缴违法所得一案中,冻结、扣划了四川鑫圆网络科技有限公司（以下简称鑫圆公司）名下银行账户存款,成都锐美云商网络科技有限公司（以下简称锐美公司）向该院提出书面异议,请求退库返还 1377140 元。

锐美公司因此提出异议称,四川省成都市中级人民法院（以下简称成都中院）于 2018 年 2 月 9 日受理其与鑫圆公司计算机软件开发合同纠纷一案[（2018）川 01 民初 774 号],后判决鑫圆公司支付锐美公司计算机软件开发费用 1287000 元及利息。锐美公司在提起诉讼时申请了诉讼保全,成都中院于 2018 年 3 月 7 日裁定对鑫圆公司名下的宾利牌小汽车 1 辆予以查封。该民事判决生效后，锐美公司于 2019 年 4 月 24 日向成都中院申请强制执行 [（2019）川 01 执 1091 号]，该院指定四川省成都高新技术产业开发区人民法院执行 [（2019）川 0191 执 5986 号]，因鑫圆公司的财产被公安机关查扣而无法继续执行。鑫圆公司股东宋某平犯组织、领导传销活动罪 [（2019）川 14 刑终 212 号]，四川省眉山市公安局查扣了鑫圆公司名下的所有财产（包括银行账户的 7000 余万元存款、宾利欧陆飞驰牌小汽车 1 辆、别克 GL8 商务车 5 辆）。四川省丹棱县人民法院和四川省眉山市中级人民法院均判决对鑫圆公司的违法财产予以追缴，且鑫圆公司名下银行账户上的 7000 余万元存款已于 2019 年 12 月被四川省丹棱县人民法院划扣。依照《最高人民法院关于刑事裁判涉财产部分执行的若干规定》第十三条和《四川省高级人民法院关于规范刑事裁判涉财产部分执行工作的意见》第十五条之规定，锐美公司作为鑫圆公司的民事债权人，在被执行人财产不足以支付时，其享有的民事债权优先于罚金和没收财产，并有权依法提出执行异议，请求四川省丹棱县人民法院退库返还 1377140 元（暂未计算利息）锐美公司。

四川省丹棱县人民法院受理该异议并进行了审理，认为刑事判决确定追缴的涉案财产不属于《刑事涉财执行规定》第十三条和《四川省高级人民法院关于规范刑事裁判涉财产部分执行工作的意见》第十五条中的"被执行人财产"，锐美公司对鑫圆公司所享有的债权不影响司法机关对赃款赃物的追缴。因此，锐美公司的请求不能成立，并于 2020 年 8 月 20 日作出（2020）川 1424 执异 11 号执行裁定，裁定驳回锐美公司的异议请求。

后锐美公司不服该裁定向四川省眉山市中级人民法院申请复议，四川省眉山市中级人民法院审理后认为四川省丹棱县人民法院作出的（2020）川 1424 执异 11 号执行裁定认定事实清楚，适用法律正确，驳回了锐美公司的复议申请。

锐美公司仍不服，向四川省高级人民法院提出申诉。

◉ 法院认为：

关于生效刑事判决所确定的应予以追缴的涉案财物能否用于清偿被执行人的其他民事债务的问题，《刑事涉财执行规定》第十三条第一款规定："被执行人在执行中同时承担刑事责任、民事责任，其财产不足以支付的，按照下列顺序执行：（一）人身损害赔偿中的医疗费用；（二）退赔被害人的损失；（三）其他民事债务；（四）罚金；（五）没收财产。"

适用本条司法解释，应同时满足两个前提条件：一是被执行人同时承担刑事责任和民事责任；二是被执行人合法所有的财产不足以支付其所承担的法律责任。尤其需要指出的是，我国刑法设置罚金刑和没收财产刑的目的在于剥夺犯罪人得以实施犯罪的经济基础，给予其经济上、物质上的严厉惩处。如果允许以赃款赃物作为财产刑的执行标的，财产刑将失去其应有的功能，这进一步说明被执行人应以其合法所有的财产承担本条司法解释所列法律责任。本案执行中划拨的被执行人鑫圆公司名下银行账户存款系四川省丹棱县人民法院（2018）川1424刑初111号刑事判决所确认应依法予以追缴的各犯罪分子的违法所得和办案机关查封、扣押、冻结在案的涉案财物及孳息，而非被执行人合法所有的财产。依据相关法律规定，对查封、扣押、冻结的赃款赃物及其孳息，除依法返还被害人的外，应一律上缴国库。故锐美公司主张将生效刑事判决确定的应予依法追缴并上缴国库的违法所得和涉案财物优先用于清偿被执行人鑫圆公司欠付锐美公司的民事债务于法无据，法院不予支持。锐美公司如认为生效刑事判决将被执行人鑫圆公司名下银行账户存款全部认定为违法所得和涉案财物错误，其实质是对生效刑事判决的事实认定提出异议，该异议不属于上述执行监督程序审查的范围，锐美公司可另寻法律程序进行救济。申诉人锐美公司的申诉请求不能成立，法院不予支持。

 案例二

松原市惠丰小额贷款股份有限公司对松原市深港房地产开发有限责任公司等吸收公众存款执行一案执行异议执行裁定书
吉林省松原市中级人民法院（2020）吉07执异73号

【案情简介】

法院在执行松原市深港房地产开发有限责任公司（以下简称深港开发公司）、董某、周某秋犯吸收公众存款罪一案中，作出（2016）吉07执89号之

一执行裁定，对被执行人深港开发公司的财产进行分配。松原市惠丰小额贷款股份有限公司（以下简称惠丰贷款公司）要求参与分配，法院审查后未予准许。惠丰贷款公司提出执行异议。法院依法组成合议庭进行了审查。

异议人惠丰贷款公司称，松原市中级人民法院作出的（2016）吉 07 执 89 号之一《执行财产分配方案》和（2016）吉 07 执 89 号之八《执行通知书》，决定对具有优先受偿权的债权人及退赔被害人损失部分予以分配，对包括异议人在内的其他债权人不予以参与分配，该行为严重侵害了异议人的合法权益，具体理由如下：异议人有权参与被执行人的财产分配，法院不应将异议人的债权排除在外。法院确定执行财产分配方案的依据为《刑事涉财执行规定》第十三条规定，异议人认为根据上述规定确定执行财产分配方案是错误的，即使按照上述规定进行分配，异议人也应与被害人的债权按照同一顺序进行分配，而不能被排除在后。本案中，被害人所受的损失本质上仍属于"债权"，与异议人在民事案件中所确认的债权并无实质区别，不属于上述规定中的"退赔"范畴，二者均应适用"清偿"原理。

● **法院认为：**

该院作出（2016）吉 07 执 89 号之一《执行财产分配方案》，实际是按照各被害人的损失程度制定的退赔方案，不同于民事执行中的财产分配，本案所涉财产属于被执行人违法所得，不属于被执行人在民法上的责任财产，不能用于清偿被执行人的民事债务，故异议人的主张无法律依据，法院不予支持。

律师解析

（1）应予追缴的违法所得不属于被执行人的合法财产，不能用于清偿被执行人的民事债务。违法所得追缴后，除依法返还被害人的以外，应一律上缴国库。被执行人的民事债权人不得主张参与对违法所得的分配。

（2）《刑事涉财执行规定》第十三条第一款规定的刑事裁判涉财产部分执行的清偿顺序，其适用对象是被执行人的合法财产。

（3）依据《刑事涉财执行规定》第十五条，利害关系人若认为生效刑事判决对赃款赃物认定错误，可以通过裁定补正或者审判监督程序寻求救济。

（4）被执行人的普通债权人可以参与对被执行人合法财产的分配，但清偿顺位后于刑事退赔。

相关规定

《中华人民共和国刑法》

第六十四条　犯罪分子违法所得的一切财物，应当予以追缴或者责令退赔；对被害人的合法财产，应当及时返还；违禁品和供犯罪所用的本人财物，应当予以没收。没收的财物和罚金，一律上缴国库，不得挪用和自行处理。

《最高人民法院关于刑事裁判涉财产部分执行的若干规定》

第十三条　被执行人在执行中同时承担刑事责任、民事责任，其财产不足以支付的，按照下列顺序执行：

（一）人身损害赔偿中的医疗费用；

（二）退赔被害人的损失；

（三）其他民事债务；

（四）罚金；

（五）没收财产。

债权人对执行标的依法享有优先受偿权，其主张优先受偿的，人民法院应当在前款第（一）项规定的医疗费用受偿后，予以支持。

—————◇ 第三章 ◇—————

不动产相关执行实务

作为首先查封不动产的债权人，
对拍卖或变卖款项是否享有优先受偿权？

黄文柳　吕奇文

在司法实践中，债权人为了防止债务人转移财产，通常会提供财产线索申请法院采取保全措施。在债权人申请法院保全的财产要处置变现时，作为债权人自然都想来分一杯羹。但作为付出时间、精力、金钱成本的首封债权人，是否享有优先受偿权？或者说，能多分一杯羹吗？

 案例一

广西壮族自治区机械施工公司、

钟山县建筑工程公司执行分配方案异议之诉二审民事判决书

广西壮族自治区高级人民法院（2018）桂民终 503 号

【案情简介】

一、涉执案件情况

申请执行人钟山县建筑工程公司（以下简称钟山建筑公司）申请执行被执行人防城华侨义和贸易公司（以下简称防城义和公司）建筑工程承包合同纠纷一案，执行标的额为 135.26 万元及相关利息，申请执行债权为普通债权。在执行过程中，申请执行人钟山建筑公司首先申请法院查封了被执行人防城义和公司享有的一块海域使用权。

广西壮族自治区机械施工公司（以下简称广西区施工公司）申请执行被

执行人防城义和公司返还工程信誉金纠纷一案，执行标的额为 80 万元及相关利息，申请执行债权为普通债权，广西区施工公司没有申请查封上述海域使用权。

两申请执行人及被执行人均向执行法院明确表示不同意将该案移送破产。

二、执行款分配情况

法院拍卖上述海域权后，产生执行相关费用 15 万元，可分配执行款 101 万元。对于如何分配该 101 万元执行款的问题，申请执行人钟山建筑公司认为，应按照采取执行措施的先后顺序清偿债务，钟山建筑公司应分配款项 91 万元，可分配给广西区施工公司 10 万元；申请执行人广西区施工公司认为，应当按债权比例进行分配，钟山建筑公司应分配得款 61 万元，广西区施工公司应分配得款 40 万元。因双方无法协商一致，法院分配方案为，钟山建筑公司为第一顺序受偿的债权人，受偿 91 万元，广西区施工公司受偿 10 万元。广西区施工公司分配方案提出异议，钟山建筑公司对广西区施工公司的异议提出反对意见，遂产生执行分配方案异议之诉。

● 法院认为：

（一）一审法院认为

《民事诉讼法解释》第五百一十六条规定："当事人不同意移送破产或者被执行人住所地人民法院不受理破产案件的，执行法院就执行变价所得财产，在扣除执行费用及清偿优先受偿的债权后，对于普通债权，按照财产保全和执行中查封、扣押、冻结财产的先后顺序清偿。"故对查封前述海域使用权的执行回款，在钟山建筑公司与广西区施工公司未能自行协商一致的情况下，应按执行查封财产的先后顺序进行清偿。钟山建筑公司是先申请查封的债权人，应在钟山建筑公司的债权获得清偿后，再清偿广西区施工公司的债权。由于钟山建筑公司同意将执行款中的 10 万元分配给广西区施工公司，该院执行局制定的分配方案将执行款项中的 91 万元分配给钟山建筑公司，10 万元分配给广西区施工公司，并无不妥。因此，该院执行局制定的《执行财产分配方案》符合法律规定。

（二）二审法院认为

因本案被执行人防城义和公司是企业法人，各方当事人均不同意本案移送破产审查，根据《民事诉讼法解释》第五百一十六条"当事人不同意移送破产或者被执行人住所地人民法院不受理破产案件的，执行法院就执行变价所得财产，在扣除执行费用及清偿优先受偿的债权后，对于普通债权，按照财产保全和执行中查封、扣押、冻结财产的先后顺序清偿"的规定，一审法院在执行债权人钟山建筑公司与被执行人防城义和公司建筑工程承包合同纠纷一案中，首先查封了防城义和公司的前述海域使用权，广西区施工公司未向法院申请查封。故对查封前述海域使用权的执行回款，在钟山建筑公司与广西区施工公司未能自行协商一致的情况下，应按执行查封财产的先后顺序进行清偿。

钟山建筑公司是先申请查封的债权人，应在钟山建筑公司的债权获得清偿后，再清偿广西区施工公司的债权。本案可分配执行款项为101万元，尚不足以清偿钟山建筑公司的全部债权。钟山建筑公司同意将执行款中的10万元分配给广西区施工公司，系钟山建筑公司对其合法权益的处分，因此，一审法院制定的分配方案将执行款项中的涉案执行款91万元分配给钟山建筑公司，10万元分配给广西区施工公司，并无不妥。因此，该院执行局制定的《执行财产分配方案》符合法律规定。

卢某成、陆某波等执行分配方案异议之诉民事二审民事判决书
广东省潮州市中级人民法院（2021）粤51民终254号

【案情简介】

一、涉执案件情况

卢某成申请执行苏某、李某民间借贷纠纷案，执行标的额60万元本金及利息，申请执行债权为普通债权，卢某成在保全阶段最先采取保全措施查封了被执行人苏某名下的2宗不动产；陆某波申请执行苏某、李某民间借贷纠纷案，执行标的额180万元及利息，申请执行债权为普通债权；某小额贷款公司与苏某民间借贷纠纷案70万元本金及利息，申请执行债权为普通债权。

二、执行款分配情况

法院拍卖了被执行人苏某名下 2 宗不动产，作出分配方案为，扣除案件执行费、司法拍卖辅助服务费及该房产原有的抵押贷款后，剩余款项优先清偿了首封债权人卢某成的全部债权，后再分配给其他债权人。债权人陆某波对分配方案提出异议，认为卢某成不应优先受偿，而是和其他普通债权按比例分配。卢某成提出反对意见，遂引起了执行分配方案异议之诉。

● 法院认为：

（一）一审法院认为

本案争议焦点为：卢某成对被执行人的财产最先采取执行措施，是否据此对执行款享有先行受偿的权利。《民事诉讼法解释》第五百一十条规定："参与分配执行中，执行所得价款扣除执行费用，并清偿应当优先受偿的债权后，对于普通债权，原则上按照其占全部申请参与分配债权数额的比例受偿。"本案中被执行人是公民，卢某成作为普通债权人，虽然最先采取执行措施，但并不能对执行款享有先行受偿的权利。

（二）二审法院认为

卢某成申请执行的债权仅为普通债权，应与其他普通债权人按债权的数额比例参与分配（观点基本与一审法院一致）。

律师解析

通过上述案例可知：

（1）对于被执行人是企业法人的，如果当事人不同意移送破产或者被执行人住所地人民法院不受理破产案件的，扣除执行费用及清偿优先债权后，首封债权人享有优先受偿权。

（2）对于被执行人是公民或者其他组织的，扣除执行费用及清偿优先债权后，首封债权人原则上没有优先受偿权，而是按比例分配。值得注意的是，司法解释规定的是"原则上"按比例受偿，但是并未禁止在例外情况下作出调整，现国内有部分地区高院规定可视情况适当提高首封债权人的受偿比例。例如，《江苏省高级人民法院关于正确理解和适用参与分配制度的指导意见》第十条规定，首封债权可以适当提高分配比例，但原则上不超过其他债权比例分配时应分得款项的 20%；2013 年 8 月 15 日至 16 日，北京市高、中级人民法院执行局（庭）长座谈会（第五次会议）纪要上，明确首封债权视具体情况优先予以适当补偿，但补偿额度不得超过其未受偿债权金额的 20%；浙江省高级人民法院关于在立案和审判中兼顾案件执行问题座谈会纪要明确，首封债权可适当多分，但最高不得超过 20%。

首封债权人是否享有优先受偿权益的问题，需结合案件的具体情况研判确定，尽管《最高人民法院关于适用〈中华人民共和国民事诉讼法〉的解释》（2022 年修正）已明确规定"原则上按照其占全部申请参与分配债权数额的比例受偿"，但不少地区在实践中仍采用给予首封债权人一定程度的优先受偿权益的做法。在执行案件中，争取首封对于债权人仍具有十分重要的影响，建议债权人在诉讼程序中对财产保全予以重视。

相关规定

《**最高人民法院关于适用〈中华人民共和国民事诉讼法〉的解释**》（2022 年修正）

第五百零六条 被执行人为公民或者其他组织，在执行程序开始后，被执行人的其他已经取得执行依据的债权人发现被执行人的财产不能清偿所有债权的，可以向人民法院申请参与分配。

对人民法院查封、扣押、冻结的财产有优先权、担保物权的债权人，可以直接申请参与分配，主张优先受偿权。

第五百零八条 参与分配执行中，执行所得价款扣除执行费用，并清偿应当优先受偿的债权后，对于普通债权，原则上按照其占全部申请参与分配债权数额的比例受偿。清偿后的剩余债务，被执行人应当继续清偿。债权人发现被执行人有其他财产的，可以随时请求人民法院执行。

第五百一十四条 当事人不同意移送破产或者被执行人住所地人民法院不受理破产案件的，执行法院就执行变价所得财产，在扣除执行费用及清偿优先受偿的债权后，对于普通债权，按照财产保全和执行中查封、扣押、冻结财产的先后顺序清偿。

法院可以冻结或扣划预售商品房资金监管账户吗？

黄文柳　　吕奇文

预售商品房资金监管账户是房地产开发商的重要财产线索之一，法院是否可以对该账户进行冻结或扣划？在什么条件下可以扣划账户内的资金用于偿还债务？

 **案例一**

太信信托有限责任公司、

大山房地产开发有限公司等合同纠纷执行复议执行裁定书

广东省高级人民法院（2023）粤执复121号

【案情简介】

2019年6月27日，因需对大山房地产开发有限公司（以下简称大山地产）开发建设的预售商品房项目进行监管，大山地产、唐山高新技术产业开发区城市建设管理局（乙方、监管机构）、河北唐山农村商业银行股份有限公司城区支行（丙方、监管银行）签订了《唐山市高新区商品房预售资金监管协议》，各方对监管额度、监管账户等事项进行了约定。

2021年9月18日，太信信托有限责任公司（以下简称太信信托）与大山地产、姜某合同纠纷一案，广州市中级人民法院（以下简称广州中院）作出（2020）粤01民初2017号《民事调解书》，该调解书发生法律效力后，由于大山地产、姜某没有履行确定的义务，广州中院于2021年11月23日立案执行。2021 年 12 月 3 日，该院从大山地产的预售资金监管账户中扣划资金共计 234853267.33 元。2021 年 12 月 17 日，该院在收取执行费 302253 元后，将剩余的案款共 234551014.33 元发放给申请执行人太信信托。唐山高新技术产业开发区城市建设管理局（以下简称唐山高新建设局）对此提出执行异议，请求撤销扣划执行裁定及将扣划的款项返还至监管账户。该案经历了一审、二审审查程序，现已审查终结。

● **法院认为：**

（一）一审法院认为

关于该院能否冻结、扣划涉案银行存款的问题，《中华人民共和国城市房地产管理法》第四十五条第三款规定："商品房预售所得款项，必须用于有关的工程建设。"《最高人民法院、住房和城乡建设部、中国人民银行关于规范人民法院保全执行措施确保商品房预售资金用于项目建设的通知》第一条第一款规定："商品房预售资金监管是商品房预售制度的重要内容，是保障房地产项目建设、维护购房者权益的重要举措。人民法院冻结预售资金监管账户的，应当及时通知当地住房和城乡建设主管部门。"第三款规定："除当事人申请执行因建设该商品房项目而产生的工程建设进度款、材料款、设备款等债权案件之外，在商品房项目完成房屋所有权首次登记前，对于预售资金监管账户中监管额度内的款项，人民法院不得采取扣划措施。"如前所述，被执行人大山地产在河北唐山农村商业银行股份有限公司城区支行开设的账号尾号分别为 001、387 的两个银行账户，其性质为商品房预售资金监管账户。而申请执行人太信信托与被执行人大山地产之间是借款合同纠纷，不属于因建设涉案商品房项目而产生的债权案件，故根据上述通知第一条第一款、第三款的规定，该院对涉案银行账户可以依法冻结，但对账户内的款项不得采取扣划措施。因此，唐山高新建设局请求将该院已扣划的属于大山地产的 234853267.33 元款项返还至原银行账户，理由成立，依法应予支持；对其关于解除对两银行账户冻结措施的异议请求，该院不予支持。

（二）二审法院认为

商品房预售资金是购房消费者购买商品房开发建设单位正在建设中的商品房，按照商品房买卖合同约定预先支付给商品房开发建设单位的购房款。

根据《中华人民共和国城市房地产管理法》第四十五条第三款的规定："商品房预售所得款项，必须用于有关的工程建设。"换言之，该款项应用于购买该商品房项目建设必需的建筑材料、设备和支付项目建设的施工进度款，不得挪作他用。对商品房预售资金开设专门银行账户进行监管，具有保障开发项目顺利建设、促进在建商品房工程如期竣工和交付、维护购房消费者合法权益、促进房地产市场平稳健康发展、优化营商环境的重要作用。在保障在建商品房建设工程施工正常进行的前提下，人民法院可以对商品房预售资金监管账户依法采取冻结措施，但只有在商品房工程竣工验收后，资金仍有结余的情况下，才可作为执行款予以执行扣划。

津宗科技有限公司执行复议裁定书
辽宁省大连市中级人民法院（2023）辽02执复150号

【案情简介】

在申请执行人津宗科技有限公司（以下简称津宗公司）与被执行人双连房地产开发有限公司（以下简称双连公司）建设工程施工合同纠纷一案中，大连市西岗区人民法院（以下简称西岗区法院）扣划了双连公司商品房预售资金监管账户内的存款349387.17元、7664576.81元。异议人（被执行人）双连公司对此提出执行异议，该案经历了一审、二审审查程序，现已审查终结。

● **法院认为：**

（一）一审法院认为

人民法院有权对被执行人名下的银行存款进行冻结、扣划。本案争议焦点是西岗区法院扣划异议人双连公司招商银行4119××××0909账户中的存款的执行行为是否合法。首先，异议人主张案涉账户系商品房预售资金监管账户，应当提交相应的证据予以证明。异议人未举证证明案涉账户系商品房预售资金监管账户，亦未证明西岗区法院扣划的款项系商品房预售资金［注：异议人在执行复议程序中提交了招商银行股份有限公司大连分行（甲方）、双连公司（乙方）、北京兴电国际工程管理有限公司（丙方）签订的四份《大连市商品房预售资金监管协议书》，证实法院扣划的账户为商品房预售资金监管账户］。其次，根据生效裁判文书的认定事实，异议人欠付的质保金均系双方进行工程结算、确认工程结算额后，在工程结算款中按比例予以扣除而作为质保金。异议人扣除部分工程结算款作为质保金，在期限届满后仍未返还，应视为异议人没有按照确认的工程结算额支付相应款项，被扣除部分的质保金应视为工程款的一部分，属于《最高人民法院、住房和城乡建设部、中国人民银行关于规范人民法院保全执行措施，确保商品房预售资金用于项目建设的通知》第一条"除当事人申请执行因建设该商品房项目而产生的工程建设进度款、材料款、设备款等债权案件之外，在商品房项目完成房屋所有权首次登记前，对于预售资金监管账户中监管额度内的款项，人民法院不得采取扣划措施"的规定中的可以采取扣划措施的款项。同时，生效裁判文书（2022）辽0203民初4973号民事判决确定的被执行人的应付款项包括两部分，一部分为质保金及利息，另一部分为场地照管、临时设施费用及相应利息，并非全部为质保金及利息。结合以上几点，即使案涉账户为预售资金监管账户、相关款项为商品房预售资金，根据前款规定，西岗区法院对其中的款项进行扣划亦符合法律规定，并无不当。

（二）二审法院认为

建设工程质量保证金是发包人与承包人在建设工程承包合同中约定，从应付的工程款中预留，用以保证承包人在缺陷责任期内对建设工程出现的缺陷进行维修的资金。缺陷责任期到期后，发包人应按合同约定向承包人返还保证金。案涉保证金属于工程款的一部分，可以从商品房预售监管账户中划拨。

商品房预售资金监管是商品房预售制度的重要内容，是保障房地产项目建设、维护购房者权益的重要举措。设立商品房预售资金监管账户的目的是保障完成本工程建设所必需的建筑材料、设备购置款，支付工程建设的施工进度款及本工程其他相关费用。虽双连公司应向津宗公司返还的质量保证金及欠付的场地照管、临时设施费用涉及西岗区黑咀子码头及周边地块改造项目 A1、A2、B2 区块，但实质均为该整体项目的工程建设款。西岗区法院冻结并扣划项目 A1 区块的预售监管账户用于执行上述工程建设款项符合设立商品房预售资金监管的基本目的，不违反专款专用原则。

综上，西岗区法院执行裁定认定案涉款项属于《最高人民法院、住房和城乡建设部、中国人民银行关于规范人民法院保全执行措施确保商品房预售资金用于项目建设的通知》第一条"除当事人申请执行因建设该商品房项目而产生的工程建设进度款、材料款、设备款等债权案件之外，在商品房项目完成房屋所有权首次登记前，对于预售资金监管账户中监管额度内的款项，人民法院不得采取扣划措施"规定的可以扣划的资金范畴，从而认定执行行为合法，认定事实清楚，适用法律正确，本院应予维持。

律师解析

通过上述案例及相关法律规定可知：

（1）人民法院可以对商品房预售资金监管账户进行冻结；

（2）对于建设商品房项目而产生的工程建设进度款、材料款、设备款等债权案件，人民法院可以对商品房预售资金监管账户内的资金进行扣划；

（3）其他类型的案件，在商品房项目完成房屋所有权首次登记前，人民法院不得扣划。

值得注意的是，根据《最高人民法院、住房和城乡建设部、中国人民银行关于规范人民法院保全执行措施确保商品房预售资金用于项目建设的通知》第二条的规定，商品房预售资金监管账户被人民法院冻结后，房地产开发企业、商品房建设工程款债权人、材料款债权人、租赁设备款债权人等请求以预售资金监管账户资金支付工程建设进度款、材料款、设备款等项目建设所需资金，或者购房人因购房合同解除申请退还购房款，经项目所在地住房和城乡建设主管部门审核同意的，商业银行应当及时支付，并将付款情况及时向人民法院报告。

在司法实践中，针对上述类型的案件，有些法院不通过执行程序解决，即不扣划预售资金监管账户资金支付给申请执行人，而是由申请执行人或被执行人自行向项目所在地住房和城乡建设主管部门申请审核，向商业银行申请支付。付款后，向法院报告付款情况即可。

商品房预售资金是保障房地产项目建设、维护购房者权益的特定资金，依法应专款专用。商品房预售资金监管账户不同于一般的银行账户，人民法院能否对监管账户内的资金进行扣划，应结合案件类型及商品房项目是否完成房屋所有权首次登记等情形来确定。

相关规定

《最高人民法院、住房和城乡建设部、中国人民银行关于规范人民法院保全执行措施确保商品房预售资金用于项目建设的通知》

一、商品房预售资金监管是商品房预售制度的重要内容，是保障房地产项目建设、维护购房者权益的重要举措。人民法院冻结预售资金监管账户的，应当及时通知当地住房和城乡建设主管部门。

人民法院对预售资金监管账户采取保全、执行措施时要强化善意文明执行理念，坚持比例原则，切实避免因人民法院保全、执行预售资金监管账户内的款项导致施工单位工程进度款无法拨付到位，商品房项目建设停止，影响项目竣工交付，损害广大购房人合法权益。

除当事人申请执行因建设该商品房项目而产生的工程建设进度款、材料款、设备款等债权案件之外，在商品房项目完成房屋所有权首次登记前，对于预售资金监管账户中监管额度内的款项，人民法院不得采取扣划措施。

房子未经拍卖程序，能否直接以物抵债？

吴俞霞　廖振威

案件已向法院申请强制执行了，可是法院处置被执行人名下不动产的程序烦琐、时限长，为了避免夜长梦多，尽快实现申请执行人的债权，在被执行人的不动产未经拍卖、变卖程序的情形下，法院是否可以直接作出以物抵债的裁定呢？

 **案例一**

顾某花、黄某红等借款合同纠纷执行监督执行裁定书

最高人民法院（2021）最高法执监278号

【案情简介】

河北省唐山市中级人民法院在执行顾某花与黄某红、唐山某珠宝有限公司、侯某坤民间借贷纠纷一案中，于2017年6月5日作出（2017）冀02执恢646号执行裁定，将黄某红名下位于××房产作价交付申请执行人顾某花抵债。利害关系人陈某不服该裁定，向唐山中院提出异议。唐山中院以顾某花与黄某红以房抵债执行和解损害其他债权人合法权益为由，撤销以物抵债裁定。顾某花不服，向最高人民法院申请执行监督。

● **法院认为：**

本案的争议焦点为关于唐山中院作出的"以物抵债裁定是否符合法律规

定"的问题。

《拍卖、变卖财产规定》第二条规定："人民法院对查封、扣押、冻结的财产进行变价处理时，应当首先采取拍卖的方式，但法律、司法解释另有规定的除外。"《民事诉讼法解释》第四百九十一条规定："经申请执行人和被执行人同意，且不损害其他债权人合法权益和社会公共利益的，人民法院可以不经拍卖、变卖，直接将被执行人的财产作价交申请执行人抵偿债务。对剩余债务，被执行人应当继续清偿。"根据上述法律规定，对已查封的被执行人财产，执行法院一般应当进行拍卖变价，申请执行人和被执行人同意不经拍卖、变卖直接以物抵债的，须符合不得损害其他债权人合法权益的法定条件。本案中，申请执行人顾某花与被执行人黄某红于 2017 年 6 月协商达成以物抵债合意，唐山中院在未核实涉案房产是否已被查封的情况下，即作出（2017）冀 02 执恢 646 号执行裁定对该以物抵债合意予以确认，有损已办理查封登记另案债权人的合法权益，与前述司法解释规定不符。

陕西某某物资有限公司、
巴中市某某劳务有限公司等建设工程合同纠纷执行监督执行裁定书

最高人民法院（2021）最高法执监 427 号

【案情简介】

商洛中院执行巴中市某某劳务有限公司与陕西某某房地产开发有限公司建设工程施工合同纠纷一案，于 2017 年 10 月 30 日查封了案涉房产，并在法院主持下双方达成以物抵债和解协议。法院于 2017 年 12 月 15 日作出 48-3 号抵债裁定，将案涉房产抵偿给巴中市某某劳务有限公司，房屋所有权自裁定送达巴中市某某劳务有限公司（2017 年 12 月 15 日已送达）时起转移。

丹凤县不动产登记中心登记簿记载，自 2016 年 11 月 3 日至 2018 年 4 月 23 日，共有 6 家法院对陕西某某房地产开发有限公司的涉案房产查封 17 次、协助过户 2 次。

西安中院于 2016 年 10 月 15 日受理执行陕西某某物资有限公司与陕西某某房地产开发有限公司买卖合同纠纷一案，并于 2018 年 4 月 23 日作出裁定查封被执行人陕西某某房地产开发有限公司所有的涉案房产。

陕西某某物资有限公司对商洛中院作出的以物抵债裁定不服，提起异议、复议及向最高人民法院申诉。

● 法院认为：

本案的争议焦点为商洛中院以物抵债裁定是否损害其他债权人合法权益。

申诉人主张商洛中院 48-3 号抵债裁定损害其合法权益。《拍卖、变卖财产规定》第二条规定："人民法院对查封、扣押、冻结的财产进行变价处理时，应当首先采取拍卖的方式，但法律、司法解释另有规定的除外。"《民事诉讼法解释》第四百九十一条规定："经申请执行人和被执行人同意，且不损害其他债权人合法权益和社会公共利益的，人民法院可以不经拍卖、变卖，直接将被执行人的财产作价交申请执行人抵偿债务。对剩余债务，被执行人应当继续清偿。"第五百一十六条规定："当事人不同意移送破产或者被执行人住所地人民法院不受理破产案件的，执行法院就执行变价所得财产，在扣除执行费用及清偿优先受偿的债权后，对于普通债权，按照财产保全和执行中查封、扣押、冻结财产的先后顺序清偿。"根据上述规定，执行过程中处置被执行人财产，应当遵循拍卖优先的原则，不经拍卖、变卖而直接作价抵债的，以申请执行人和被执行人同意且不损害其他债权人合法权益和社会公共利益为前提条件。被执行人为企业法人的，处置被执行人财产后，对于普通债权，按照查封、扣押、冻结财产的先后顺序清偿。本案中，被执行人陕西某某房地产开发有限公司是企业法人，在处置其财产后，对于普通债权，应当按照查封、扣押、冻结财产的先后顺序清偿。

本案中，商洛中院 48-3 号抵债裁定以申请执行人巴中市某某劳务公司与被执行人陕西某某房地产开发有限公司在执行中达成和解协议为由，适用《民事诉讼法解释》第四百九十一条规定，直接将被执行人财产作价交付申请执行人以物抵债。但是被执行人明显涉及债权债务较多，商洛中院在明知存在其他在先查封债权人、执行依据并未明确巴中市某某劳务有限公司享有工程价款优先受偿权的情况下，仍然根据个别债权人与被执行人自行达成的和解协议，未经评估、拍卖，直接裁定被执行人部分财产以物抵债，将本应按照查封先后顺序受偿的财产优先偿还了个别债权人，可能损害了其他债权人的合法权益，依法应予纠正。

▶ **律师解析**

通过上述案例不难看出，根据《民事诉讼法解释》（2022 年修正）第四百八十九条的规定："经申请执行人和被执行人同意，且不损害其他债权人合法权益和社会公共利益的，人民法院可以不经拍卖、变卖，直接将被执行人的财产作价交申请执行人抵偿债务。对剩余债务，被执行人应当继续清偿。"只要同时满足两个条件：一是经过申请执行人和被执行人双方同意；二是不得损害其他债权人合法权益和社会公共利益，在此情形下，人民法院就可以在被执行的不动产不经拍卖、变卖程序的情形下直接作出以物抵债裁定书。

不过，我们也发现，依据《民事诉讼法解释》（2022 年修正）第四百九十一条的规定："拍卖成交或者依法定程序裁定以物抵债的，标的物所有权自拍卖成交裁定或者抵债裁定送达买受人或者接受抵债物的债权人时转移。"《民法典》第二百二十九条规定："因人民法院、仲裁机构的法律文书或者人民政府的征收决定等，导致物权设立、变更、转让或者消灭的，自法律文书或者征收决定等生效时发生效力。"法院作出的以物抵债裁定书可以导致物权的变更。而"经过申请执行人和被执行人双方同意"的实质还是当事人自行协商达成的以物抵债协议，该行为系私法行为，属于执行和解协议的一种，法院依据双方达成的执行和解协议作出以物抵债裁定。

依据《民事诉讼法》的相关规定，人民法院可以执行发生法律效力的民事判决、裁定、刑事判决裁定中的财产部分，以及法律规定的其他法律文书。而执行和解协议不属于人民法院可以执行的法律文书，本身就不具有强制执行效力。因此，如果人民法院依据执行和解协议出具以物抵债裁定，无异于强制执行了不具有强制执行效力的执行和解协议，与法律的规定相违背。

在司法实践当中，申请执行人与被执行人也容易恶意串通或通过执行裁定来规避行政审查，达到迅速转移债务人财产、逃避债务履行的非法目的，造成其他债权人失去公平受偿的机会。

再依据《拍卖、变卖财产规定》（2020 年修正）第二条的规定："人民法院对查封、扣押、冻结的财产进行变价处理时，应当首先采取拍卖的方式，但法律、司法解释另有规定的除外。"《民事诉讼法》（2021 年修正）第二百五十四条规定："财产被查封、扣押后，执行员应当责令被执行人在指定期间履行法律文书确定的义务。被执行人逾期不履行的，人民法院应当拍卖被查封、扣押的财产；不适于拍卖或者当事人双方同意不进行拍卖的，人民法院可以委托有关单位变卖或者自行变卖。国家禁止自由买卖的物品，交有关单位按照国家规定的价格收购。"《最高人民法院关于人民法院网络司法拍卖若干问题的规定》第二条规定："人民法院以拍卖方式处置财产的，应当采取网络司法拍卖方式，但法律、行政法规和司法解释规定必须通过其他途径处置，或者不宜采用网络拍卖方式处置的除外。"执行程序中法院要对查封、扣押、冻结的执行财产进行变价时，应当首先选择拍卖的方式，只有在例外的情形下才能采取其他变价方式。

结合前述，若希望通过被执行不动产不经过拍卖、变卖程序，法院可直接作出以物抵债裁定的方式实现债权，除了满足前述两个条件，仍需满足"只有唯一债权人"这一个条件，这需要法院作出以物抵债裁定前进行全面细致的审查。为了平等保护各方债权人利益，避免虚假诉讼、恶意串通转移财产等情形，《最高人民法院关于执行和解若干问题的规定》第六条明确规定："当事人达成以物抵债执行和解协议的，人民法院不得依据该协议作出以物抵债裁定。"目前人民法院对于出具以物抵债裁定的态度已越来越趋于谨慎，因为法院要结合案件实际情况审查，如果作出上述裁定会损害其他债权人的合法权益以及社会公共利益，无疑加重了法院的审查工作。此外，若法院作出以物抵债裁定后，却发现还存在其他债权人时，依据《执行异议和复议规定》第二十六条等的相关规定，申请执行人无法依据该以物抵债裁定书排除其他债权人对以房抵债裁定中不动产的执行，反而增加诸多诉累。

被执行人已购买但未过户的房产能否执行？

廖可军　阙浩博

众所周知，不动产的物权设立、变更、转让和消灭需经依法办理登记而生效。不动产登记是一种用于确认房产所有权人合法权益的法律程序，只有在完成登记手续后，房产的所有权才能得到有效的保护，而这也造成了在房产交易中购买行为与登记行为具有一定时间差的现象。在司法实践中，有的被执行人已购买了房产，但并未完成过户手续。那么，在执行程序中，法院是否能执行这样的房产呢？

 案例一

昆明某公司、方某、李某、梁某案外人执行异议之诉

再审审查与审判监督民事裁定书

广西壮族自治区高级人民法院（2020）桂民申 2514 号

【案情简介】

2011 年 12 月 20 日，昆明某公司（甲方）与梁某（乙方）签订《合作协议书》，约定甲方将其位于昆明市某某华庭第二期项目的房地产资产出售给乙方。

2012 年 10 月 10 日，昆明某公司与梁某、案外人罗某签订《补充协议》约定：签署本补充协议的各方，一致同意将《合作协议书》项下约定梁某的权利义务转由梁某、罗某共同承担。自签订本补充协议之日起，《合作协议

书》项下乙方的权利义务由罗某、梁某共同承受。

2013 年 3 月底，昆明某公司将 75 套（包含涉案 53 套房产）房产证原件交付给李某、梁某。

2013 年 3 月 30 日，昆明某公司与梁某、罗某签订《未售商铺、住宅、车位移交数据》。后《房屋产权确认协议书》记载："甲方：昆明某公司；乙方：梁某、李某；丙方：罗某、尹某。鉴于 2013 年 3 月 30 日，甲、乙、丙三方共同签字确认《未售商铺、住宅、车位移交数据》，甲方向乙方及丙方确认房产的产权归乙方和丙方所有，并进行移交。为了明确乙方和丙方之间的权利义务，明确各方利益，经甲、乙、丙协商一致，签订以下协议条款，共同遵照执行。一，梁某、李某与罗某、尹某确认以下分配方案：1. 梁某、李某分配取得住宅 94 套共计 14085.33 平方米（具体分配房号，面积见附表一）；2. 罗某、尹某分配取得住宅 31 套共计 4445.59 平方米（具体分配房号，面积见附表二）；3. 罗某、尹某分配取得《移交数据》中全部商铺及车位（具体分配房号，面积见附表三）；二，案外人对梁某、李某及罗某、尹某的上述分配方案予以确认，自本协议签订之日起，梁某、李某及罗某、尹某各自拥有分配取得房产的全部产权及处置权……"梁某、李某及罗某、尹某在该协议书上签字捺印，昆明某公司未在协议书上加盖公章。

云南省昆明市中级人民法院于 2014 年 6 月 9 日公开开庭审理了梁某诉昆明某公司及第三人罗某合同纠纷一案，梁某诉求：1. 判令昆明某公司向梁某返还购买款人民币 7391790 元，支付利息，并承担 7391790 元的赔偿责任；2. 判令昆明某公司支付逾期办理房屋所有权证的违约金；3. 请求判令昆明某公司将梁某购买的昆明市某某华庭第二期项目总共 75 套商品房办理房屋所有权登记至梁某名下（房号见附表一）；4. ……云南省昆明市中级人民法院于 2014 年 7 月 29 日作出（2014）昆民一初字第 26 号民事判决书，判决驳回梁某的全部诉讼请求。梁某不服，上诉至云南省高级人民法院。云南省高级人民法院于 2015 年 5 月 6 日作出的（2015）云高民一终字第 56 号民事判决书依法驳回上诉，维持原判。（2014）昆民一初字第 26 号民事判决书查明以下事实：1. 2012 年 12 月 28 日，梁某、昆明某公司、罗某签订《对账单》，确认截至 2012 年 11 月 30 日，梁某及罗某已经支付某某华庭第二期项目转让款 91000000 元，用某某华庭第三期项目抵押获得借款，已经支付给昆明某公司

30000000 元。2013 年 1 月 9 日，梁某及罗某向昆明某公司支付 5000000 元；2. 2013 年 3 月 30 日，昆明某公司与梁某、罗某签订《未售商铺、住宅、车位移交数据》，确认某丰源二期在 2011 年 12 月 15 日前未售商铺、住宅及地下车位数量为：未售住宅面积 24374.94 平方米，地下室车位未售数量为 331 个，个人区域车位 71 个，有产权车位数量 260 个。

2016 年 10 月 26 日，南宁市江南区人民法院作出（2015）江民二初字第 1525 号民事判决书，判决：1. 李某、梁某向方某偿还借款 11000000 元；2. 李某、梁某向方某支付利息；3. 广西某通投资集团有限公司对上述第一、二项债务承担连带清偿责任。2017 年 1 月 3 日，方某申请执行，一审法院立案受理（2017）桂 0105 执 11 号。2017 年 9 月 8 日，一审法院作出（2017）桂 0105 执 11 号之一执行裁定书，对被执行人李某所拥有的在昆明某公司名下某某华庭第二期房产共 75 套（详见房产清单）进行查封。由于其中 22 套房产已办理产权变更手续，最终只查封了余下的 53 套房产。2017 年 11 月 6 日，一审法院裁定对上述 53 套房产进行评估、拍卖措施用以偿还本案被执行人所欠债务。

在执行过程中，昆明某公司对涉案的 53 套房产向一审法院提出书面异议，2018 年 3 月 30 日，一审法院作出（2018）桂 0105 执异 5 号执行异议裁定：驳回昆明某公司的异议。2018 年 8 月 2 日，昆明某公司对裁定不服，对本案提起案外人执行异议之诉。一审、二审法院未支持其诉讼请求，后向广西高院申请再审。

◉ **法院认为：**

关于昆明某公司对涉案 53 套房屋是否享有足以排除强制执行的民事权益的问题。根据《最高人民法院关于人民法院民事执行中查封、扣押、冻结财产的规定》第二条第三款"对于第三人占有的动产或者登记在第三人名下的不动产、特定动产及其他财产权，第三人书面确认该财产属于被执行人的，人民法院可以查封、扣押、冻结"及第十九条"被执行人购买需要办理过户登记的第三人的财产，已经支付部分或者全部价款并实际占有该财产，虽未办理产权过户登记手续，但申请执行人已向第三人支付剩余价款或者第三人同意剩余价款从该财产变价款中优先支付的，人民法院可以查封、扣押、冻结"的规定，对登记在第三人名下的财产进行查封，原则上需要经过第三人书面确认。涉案不动产是被执行人向第三人购买所得，在符合上述条件时，人民法院可不经第三人同意直接对涉案不动产进行查封。

理由在于：虽然涉案不动产登记在第三人名下，但第三人已明确将其出售给被执行人，已获得对价的经济利益，对涉案不动产进行查封并未损害第三人的合法权益。被执行人在支付价款及实际占有涉案不动产后，已经获得请求第三人办理过户的请求权。该请求权是财产性利益，依法应受保护。涉案不动产当然应当作为被执行人的责任财产，故人民法院可以直接查封涉案不动产。本案即属此种情形。

首先，梁某与昆明某公司签订的《合作协议书》及其《补充协议》具有房屋买卖合同性质。从《合作协议书》及其《补充协议》来看，昆明某公司具有明显将涉案不动产出售给梁某的意图。《合作协议书》内容"第二期项目的房地产资产出售给乙方，乙方同意购买。……二、甲方同意按以下价格向乙方出售本协议第一条所列明的房地产资产……"双方约定了房地产销售的价格、数量、房款的支付方式等，符合房屋买卖合同的特征。云南省高级人民法院作出的（2015）云高民一终字第56号民事判决书中也认定梁某与罗某为涉案房产的房屋买受人。故昆明某公司主张其与梁某不存在房屋买卖关系与事实不符，法院不予支持。

其次，梁某对涉案53套房产已经完成付款义务。根据三方所签订的《未售商铺、住宅、车位移交数据》及云南省高级人民法院生效判决，梁某和案外人罗某共同向昆明某公司购买的房地产资产包含商铺、住宅、地下室车位。按照《合作协议书》中所约定的单价，总转让款为143415773元。梁某和案外人罗某已经向昆明某公司支付了购房款1.26亿元。同时，昆明某公司在将75套房产的房产证交给李某、梁某后，又自行出售了部分房产，有违诚信原则，且昆明某公司在一审中拒绝提交其已售房产的相关数据，故该部分房产所对应的房款应从总的转让款143415773元中扣除。对梁某和案外人罗某是否支付完毕应向昆明某公司支付的房款数额，昆明某公司对此应承担不利后果。因此，一、二审法院认定梁某已经向昆明某公司付清了涉案53套房产的全部房款并无不妥。昆明某公司主张梁某未完成付款义务无事实根据，本院不予支持。

最后，昆明某公司与梁某等共同签字确认的《未售商铺、住宅、车位移交数据》，及将75套房产的房产证交给李某、梁某，具有明显的转移占有意图和行为，李某、梁某对涉案房产获得了法律上的支配和控制权利，已完成法律上的占有。因此，一审法院查封涉案房产符合《最高人民法院关于人民法院民事执行中查封、扣押、冻结财产的规定》第十九条的规定，应予维持。昆明某公司就涉案53套房产不享有足以排除强制执行的民事权益，不能排除强制执行。

案例二

於某与江苏某公司保证合同纠纷执行裁定书
江苏省高级人民法院（2016）苏执复204号

【案情简介】

於某与江苏某公司保证合同纠纷一案，南通中院于2015年6月2日作出（2014）通中商初字第0508号民事判决书，判决被告江苏某公司对案外人王某应向原告於某支付的借款本金400万元及利息承担连带保证责任。案件审理过程中，南通中院于2014年10月29日以（2014）通中商初字第0508-1号民事裁定，查封了位于如东县掘港镇×组房地产。

（2014）通中商初字第0508号民事判决书生效后，江苏某公司未自觉履行其义务，於某于2015年7月8日向南通中院申请强制执行。2016年5月3日，南通中院作出（2015）通中执字第0282号之二执行裁定书，裁定拍卖、变卖江苏某公司购买的位于如东县掘港镇×组房地产。同年5月16日，该院向当事人及相关利害关系人发出（2015）通中执字第0282号之一拍卖通知，向各方告知该院将在淘宝司法拍卖平台拍卖上述房地产。

案外人马某提出异议称，2013年12月11日，马某借给杨某人民币600万元，江苏某公司提供担保。借据上载明如到期未归还，江苏某公司以位于如东县掘港镇某工业园区的厂房抵押给异议人。从借款日起，异议人即实际占有并使用位于如东县掘港镇某工业园区的厂房和土地。且上述房产仍然登记在南通某公司名下，法院在执行于某与江苏某公司保证合同纠纷一案过程中对上述房产进行查封、拍卖是错误的。

● 法院认为：

《最高人民法院关于人民法院民事执行中查封、扣押、冻结财产的规定》第二条第三款规定："对于第三人占有的动产或者登记在第三人名下的不动产、特定动产及其他财产权，第三人书面确认该财产属于被执行人的，人民法院可以查封、扣押、冻结。"本案中涉案房产登记在案外人南通某公司名下，但该公司明确表示其与被执行人江苏某公司已签订买卖厂房协议，并且江苏某公司已按照买卖合同付清款项，因此南通中院有权对涉案房产进行查封。

律师解析

房屋买受人在购买房屋后，即享有变更房屋登记在买受人名下的物权期待权，该权利是物权的先期阶段，具有财产属性，故可作为财产执行。

根据《最高人民法院关于人民法院民事执行中查封、扣押、冻结财产的规定》（2020 年修正）第二条第三款和第十七条的规定，属于以下情形之一时，被执行人已购买但未过户的房产可以执行：

（1）被执行人已经支付完毕款项并实际占有房屋的。

（2）被执行人只支付了部分款项，但申请执行人已代被执行人支付了剩余价款，或房屋出让人同意剩余价款从该财产变价款中优先支付，且被执行人实际占有房屋的。

本文案例一即属于上述情形，在该情形下，即便房屋出让人提出执行异议，但此时房屋出让人已经获得了期待的利益，法院对房屋执行不会损害出让人的利益。

（3）房屋登记的权属人书面确认房屋属被执行人所有。该情形下无须被执行人实际占有房屋。

本文案例二属于上述情形，这其实就是第三人代被执行人持有财产的情况，实际执行的是被执行人的财产，因此不会损害第三人的利益。

如何实现执行目的以及如何维护自身的权益，对于申请执行人和被执行人而言，都是极其重要的。而执行案件涉及的问题又纷繁复杂，选择不同的执行措施或者救济途径，可能产生不同的法律效果。希望本文能为您在面对类似情况时提供帮助和指引，以便您作出符合自身利益的决策。

拿到以房抵债的裁定书，房子却被人占了，该怎么办？

黄文柳　吴俞霞

在司法实践中，常常会有被执行人的房产经过一拍、二拍、变卖后无人竞买，申请执行人无奈接受以房抵债的情形。此时亦存在被执行人为阻挠申请执行人拿到案涉房产，而与他人签订虚假承租合同，或倒签房屋买卖合同等情形。如果申请执行人在收房时，发现抵债房产已被他人占有或有案外人提出其合法占有该房产的诉求，该如何处理呢？

 案例一

孙某鑫、刘某奇与辽源市某公司排除妨害纠纷再审审查民事裁定书
吉林省高级人民法院（2019）吉民申××号

【案情简介】

辽源市某区人民法院作出执行裁定书，裁定：（1）将被执行人洪某喆所有的某营业用房产一处及土地使用权一宗，以流拍价 379054.08 元的价格交付给申请执行人辽源市某公司抵偿债务。房屋的所有权及土地的使用权自交付时起转移给申请执行人辽源市某公司。（2）申请执行人辽源市某公司可持本裁定书到有关机关办理相关产权过户登记手续。本裁定送达后即发生法律效力。后辽源市某公司发现刘某奇、孙某鑫侵占该房屋后，向法院提起诉讼，要求其腾迁房屋。

◉ **法院认为：**

《物权法》第二十八条规定："因人民法院、仲裁委员会的法律文书或者人民政府的征收决定等，导致物权设立、变更、转让或者消灭的，自法律文书或者人民政府的征收决定等生效时发生效力。"第三十五条规定："妨害物权或者可能妨害物权的，权利人可以请求排除妨害或者消除危险。"本案中，辽源市某区人民法院作出的以物抵债裁定书已将案涉房屋的所有权转移给辽源市某公司，某公司依法取得案涉房屋的所有权。孙某鑫、刘某奇提供的证据不能证明二人系案涉房屋的所有人，亦不能证明其占有使用房屋的行为合法；孙某鑫、刘某奇主张已就执行依据和执行行为提出异议，但没有提供异议已经受理或执行依据、执行行为已经被依法撤销的证据，故孙某鑫、刘某奇占有、使用房屋的行为侵害了房屋所有权人辽源市某公司的合法权益，原审判决刘某奇、孙某鑫排除妨害、立即腾迁并无不当。

郑某彬、孙某芳排除妨害纠纷二审民事判决书
山东省威海市中级人民法院（2020）鲁10民终××号

【案情简介】

法院执行孙某芳与被执行人某亿鑫公司民间借贷纠纷中，作出裁定被执行人名下的案涉房产作价交付申请执行人孙某芳抵偿部分债务。该裁定书送达申请执行人孙某芳时，孙某芳办理了过户登记手续，将案涉房产登记至其名下。后郑某彬以判决已确认案涉房产抵顶工程款有效为由，拒绝腾退案涉房屋，为此孙某芳提起排除妨害纠纷。

◉ **法院认为：**

《物权法》第二十八条规定："因人民法院、仲裁委员会的法律文书或者人民政府的征收决定等，导致物权设立、变更、转让或者消灭的，自法律文书或者人民政府的征收决定等生效时发生效力。"《最高人民法院关于适用

〈中华人民共和国物权法〉若干问题的解释（一）》第七条规定："人民法院、仲裁委员会在分割共有不动产或者动产等案件中作出并依法生效的改变原有物权关系的判决书、裁决书、调解书，以及人民法院在执行程序中作出的拍卖成交裁定书、以物抵债裁定书，应当认定为物权法第二十八条所称导致物权设立、变更、转让或者消灭的人民法院、仲裁委员会的法律文书。"本案中，一审法院在执行程序中作出的（2016）鲁1003执××号以物抵债裁定，即为物权法第二十八条所称导致物权设立、变更、转让或者消灭的人民法院的法律文书，孙某芳并依据该裁定书于2018年5月23日办理了涉案房屋的不动产权证书，孙某芳依法取得诉争房屋物权，根据《物权法》第三十九条的规定，孙某芳对自己的不动产，依法享有占有、使用、收益和处分的权利。郑某彬通过以房抵顶工程款的方式取得该房屋，其对孙某芳申请执行诉争房屋的行为提起执行异议，经生效法律文书裁定驳回异议申请，未有证据证明郑某彬对此提起执行异议复议或执行异议之诉，业已生效的（2018）鲁1003民初××号民事判决亦仅确认其与福建三建达成的诉争房屋的顶房协议有效，未支持其要求办理产权证书的诉讼请求，郑某彬亦未能办理诉争房屋的产权过户手续，故其对该房屋仅享有债权权益，不得对抗孙某芳对涉案房屋享有的物权。郑某彬占有涉案房屋系妨害孙某芳对涉案房屋享有的占有、使用的权利，根据《物权法》第三十五条的规定，妨害物权或者可能妨害物权的，权利人可以请求排除妨害或者消除危险，故孙某芳有权要求郑某彬搬离涉案房屋。

▶ 律师解析

一、拍卖成交裁定书、变卖成交裁定书、以物抵债的裁定书可直接导致物权不用经登记而直接发生变更

物权变动，即物权的设立、变更、转让和消灭，其发生原因可分为两大类：一类是基于法律行为引起的物权变动，另一类则是基于法律规定、法院判决、公用征收、继承以及事实行为等法律行为以外的原因引起的物权变动。《民法典》第二百二十九条"因人民法院、仲裁机构的法律文书或者人民政府的征收决定等，导致物权设立、变更、转让或者消灭的，自法律文书或者征收决定等生效时发生效力"的规定，明确了生效法律文书和征收决定可引起的物权变动。《最高人民法院关于适用〈中华人民共和国民法典〉物权编的解释（一）》第七条进一步明确，人民法院、仲裁机构在分割共有不动产或者动产等案件中作出并依法生效的改变原有物权关系的判决书、裁决书、调解书，以及人民法院在执行程序中作出的拍卖成交裁定书、变卖成交裁定书、以物抵债裁定书，应当认定为《民法典》第二百二十九条所称导致物权设立、变更、转让或者消灭的人民法院、仲裁机构的法律文书。据此，人民法院在执行程序中作出的以物抵债裁定书，直接产生物权变动的效果。而且，作为物权公示生效原则的例外，基于生效法律文书发生的物权变动，不以登记、交付为生效要件，法律文书一经生效即发生物权变动效力。

二、申请执行人发现抵债房产被他人侵占的，可向法院申请排除妨害

依据《最高人民法院关于人民法院民事执行中拍卖、变卖财产的规定》第二十七条等相关规定，人民法院裁定拍卖成交或裁定以物抵债后，若被执行人或第三人拒不移交房产的，可强制执行。《民事诉讼法解释》（2022年修正）第五百一十九条进一步明确规定，在执行终结六个月内，被执行人或者其他人对已执行的标的有妨害行为的，人民法院可以依申请排除妨害，并可以依照民事诉讼法第一百一十四条规定进行处罚。因妨害行为给执行债权人或者其他人造成损失的，受害人可以另行起诉。因此，若债权人接受以房抵债后，六个月内，未能及时收房或被执行人、第三人拒不腾迁的，可依法向执行法院申请强制执行，排除妨害。

若超过六个月的，债权人可依据《民法典》第二百三十五条"无权占有不动产或者动产的，权利人可以请求返还原物"、第二百三十六条"妨害物权或者可能妨害物权的，权利人可以请求排除妨害或者消除危险"、第二百三十八条"侵害物权，造成权利人损害的，权利人可以依法请求损害赔偿，也可以依法请求承担其他民事责任"的规定，另行提起诉讼，要求妨害物权的行为人返还房产，赔偿损失。

。

当预查封房产又存在预抵押权时，申请执行人该怎么办？

黄文柳　吕奇文

在司法实践中，被执行人购买房屋并办理房屋买卖合同登记备案的，法院可以对其购买的房屋采取预查封措施，将预查封房屋视为被执行人的责任财产。但如果该房屋又存在银行预抵押权的情况时，申请执行人该如何处理？

 案例一

秦某才、刘某意机动车交通事故责任纠纷执行复议执行裁定书
湖北省恩施土家族苗族自治州中级人民法院（2021）鄂 28 执复 36 号

【案情简介】

在湖北省宣恩县人民法院（以下简称宣恩法院）执行秦某才申请执行刘某意机动车交通事故责任纠纷一案过程中，该院查封了被执行人刘某意与何某某于 2016 年 9 月向宣恩县丹某实业有限公司购买的案涉×号房屋。刘某意与何某某购买上述房屋时，与宣恩县丹某实业有限公司及某银行股份有限公司宣恩支行（以下简称宣恩支行）签订了抵押担保合同，约定刘某意以预购的房屋作为抵押担保，向宣恩支行借款，并办理了抵押预告登记。2020 年 1 月 3 日，宣恩县丹某实业有限公司就其开发建设的某房地产进行了首次登记。

后宣恩法院拍卖了案涉×号房屋，拍卖成交价为 516213 元。对此，宣恩支行申请将拍卖款优先支付被执行人刘某意未清结的借款本息，理由为案涉×号房屋办理了按揭，并对房屋设定了抵押。宣恩法院作出执行裁定，支持宣

恩支行的申请，并优先向宣恩支行支付该套房屋按揭贷款本息248704.05元。申请执行人秦某才提出书面异议，请求将已经支付给宣恩支行248704.05元执行回转，并支付给申请执行人。一审法院裁定驳回秦某才的异议请求，秦某才向上一级法院申请复议，上一级法院裁定撤销了一审法院的执行裁定。

◉ **法院认为：**

（一）一审法院认为

该院在执行中拍卖的案涉×号房屋，刘某意、何某某在2016年9月购买时，与宣恩县丹某实业有限公司及宣恩支行签订了抵押担保合同，刘某意以预购的房屋作为抵押担保，向宣恩支行借款，并办理了抵押预告登记。抵押权预告登记虽不同于抵押权登记，但预告登记的抵押物用于债权担保，是当事人的真实意思表示，预抵押权利人对抵押物享有排他处分的权利。《最高人民法院关于适用〈中华人民共和国民法典〉担保部分的解释》第五十一条规定：当事人以预购商品房设定抵押，办理抵押预告登记后，债权人请求行使抵押权，经审查已经办理首次登记的，应当认定抵押权自办理预告登记之日起设立；抵押财产被人民法院拍卖或者变卖，预告登记权利人主张对抵押财产优先受偿，经审查已经办理首次登记的，人民法院应予支持。故该案中，宣恩支行享有对预抵押房屋的优先受偿权，该院将拍卖款支付给宣恩支行，偿还刘某意、何某某的房屋按揭款，符合法律规定。

（二）二审法院认为

对于被执行人的其他债权人申请参与分配的程序、方式及后续诉权，《民事诉讼法解释》（2020年修正）第五百零八条至第五百一十二条已作出明确规定，该司法解释第五百零八条第二款规定："对人民法院查封、扣押、冻结的财产有优先权、担保物权的债权人，可以直接申请参与分配，主张优先受偿权。"第五百一十一条规定："多个债权人对执行财产申请参与分配的，执行法院应当制作财产分配方案，并送达各债权人和被执行人。债权人或者被执行人对分配方案有异议的，应当自收到分配方案之日起十五日内向执行法院提出书面异议。"第五百一十二条第一款、第二款规定："债权人或者被执行人对分配方案提出书面异议的，执行法院应当通知未提出异议的债权人、被执行人。未提出异议的债权人、被执行人自收到通知之日起十五日内未提出反对意见的，执行法院依异议人的意见对分配方案审查修正后进行分配；提出反对意见的，应当通知异议人。异议人可以自收到通知之日起十五日内，以提出反对意见的债权人、被执行人为被告，向执行法院提起诉讼；异议人逾期未提起诉讼的，执行法院按照原分配方案进行分配。"

　　本案系因被执行人的其他债权人主张担保物权，申请对被执行人的财产参与分配引发的纠纷。通过审查查明，被执行人刘某意所有的案涉×号房屋，一审法院变卖后共取得价款516213元，宣恩支行以其对该房屋享有抵押权为由主张优先受偿，依前述规定，一审法院应当制作财产分配方案，并送达各债权人和被执行人。债权人或者被执行人对分配方案提出书面异议，一审法院应当按照前述司法解释第五百一十二条的规定进行处理，当事人对分配方案仍不能达成一致的，有异议的当事人可以向一审法院提起分配方案异议之诉。一审法院对宣恩支行优先受偿的申请，通过裁定直接确认其优先受偿权，显然与前述司法解释规定的程序及处理方式不符，依法应予以撤销。秦某才一审所提异议请求，实质是对分配方案不服所提异议，应按分配方案异议程序进行处理。

某银行股份有限公司恩平支行、
朱某某等商品房预售合同纠纷民事二审民事判决书
广东省江门市中级人民法院（2022）粤07民终2644号

【案情简介】

　　2017年3月3日，朱某某向某银行股份有限公司恩平支行（以下简称恩平支行）申请贷款540000元，用于购买恩平市某某置地房地产开发有限公司（以下简称某某置地公司）开发建设的案涉×号房屋。恩平支行与朱某某签订《个人住房（商业用房）借款合同》，该合同对借款金额、借款期限、还款方式等进行了约定。2017年7月10日，恩平支行依约向朱某某指定的收款账户发放了贷款540000元。案涉×号房屋办理了抵押预告登记，尚未办理《房地产权证》和《他项权利证》。从 2020 年 2 月起，朱某某出现逾期还款的情况。恩平支行遂将朱某某、某某置地公司诉至法院，在诉讼请求中，除了诉请朱某某清偿贷款本金及利息等以及某某置地公司对上述债务承担连带清偿责任外，恩平支行还诉请对案涉×号房屋享有抵押优先权，但一审法院未支持恩平支行对×号案涉房屋享有抵押优先权，恩平支行不服提起上诉，二审法院驳回上诉，维持原判。

● 法院认为：

（一）一审法院认为

由于涉案房屋仅办理抵押预告登记，但未办理抵押登记；预告登记的权利人享有的是当抵押登记条件成就时，对房屋办理抵押权登记的排他性的请求权，而非对房屋享有现实抵押权。根据《民法典》第四百零二条"以本法第三百九十五条第一款第一项至第三项规定的财产或者第五项规定的正在建造的建筑物抵押的，应当办理抵押登记。抵押权自登记时设立"之规定，恩平支行请求确认朱某某名下案涉×号房享有抵押权并判令以该房屋折价清偿债务或以该房屋拍卖、变卖所得价款享有优先受偿，一审法院不予支持。

（二）二审法院认为

《最高人民法院关于适用〈中华人民共和国民法典〉有关担保制度的解释》第五十二条第一款规定："当事人办理抵押预告登记后，预告登记权利人请求就抵押财产优先受偿，经审查存在尚未办理建筑物所有权首次登记、预告登记的财产与办理建筑物所有权首次登记时的财产不一致、抵押预告登记已经失效等情形，导致不具备办理抵押登记条件的，人民法院不予支持；经审查已经办理建筑物所有权首次登记，且不存在预告登记失效等情形的，人民法院应予支持，并应当认定抵押权自预告登记之日起设立。"本案中，恩平支行虽与朱某某办理了涉案房屋的抵押权预告登记，并已取得涉案房屋抵押权预告登记证书，但涉案房屋至今尚未办理所有权的首次登记，故依据前述规定，一审法院认定恩平支行尚未取得涉案房屋抵押权并判决恩平支行对涉案房屋处置所得价款不享有优先受偿权，并无不当，本院予以维持。

律师解析

在分析之前，让我们先来了解一下什么是预查封和预抵押。

预查封，指的是人民法院或公安机关对被执行人等主体尚未办理房屋所有权登记的预购的商品房采取的预先查封措施。

预抵押，也叫抵押权预告登记，指的是当事人签订设立抵押权的协议后，在不具备办理抵押权登记条件的情况下，为保障将来实现抵押权，向不动产登记机构申请预告登记。

我国《民法典》第二百二十一条对预告登记的效力进行了规定，未经预告登记权利人的同意，处分该不动产的，不发生物权效力。

根据我国《最高人民法院、国土资源部、建设部关于依法规范人民法院执行和国土资源房地产管理部门协助执行若干问题的通知》的规定，预查封的效力等同于正式查封，土地、房屋权属在预查封期间登记在被执行人名下的，预查封登记自动转为查封登记，预查封转为正式查封后，查封期限从预查封之日起开始计算。

一、被执行人购买的办理了商品房预售合同登记备案手续或者商品房预告登记的房屋虽然没有办理正式的产权证，但是执行法院可以进行预查封，预查封的效力等同于正式查封

《最高人民法院、国土资源部、建设部关于依法规范人民法院执行和国土资源房地产管理部门协助执行若干问题的通知》第十五条规定："下列房屋虽未进行房屋所有权登记，人民法院也可以进行预查封：（一）作为被执行人的房地产开发企业，已办理了商品房预售许可证且尚未出售的房屋；（二）被执行人购买的已由房地产开发企业办理了房屋权属初始登记的房屋；（三）被执行人购买的办理了商品房预售合同登记备案手续或者商品房预告登记的房屋。"同时，该通知第十八条规定，预查封的效力等同于正式查封。

二、执行法院在执行分配方案中对预抵押权人优先分配执行款项的，申请执行人可以对分配方案提出异议，预抵押权人提出反对意见的，异议人可以以预抵押权人为被告，向执行法院提起诉讼

《民事诉讼法解释》（2022年修正）第五百零六条第二款规定："对人民法院查封、扣押、冻结的财产有优先权、担保物权的债权人，可以直接申请参与分配，主张优先受偿权。"第五百零九条规定："多个债权人对执行财产申请参与分配的，执行法院应当制作财产分配方案，并送达各债权人和被执行人。债权人或者被执行人对分配方案有异议的，应当自收到分配方案之日起十五日内向执行法院提出书面异议。"第五百一十条规定："债权人或者被执行人对分配方案提出书面异议的，执行法院应当通知未提出异议的债权人、被执行人。未提出异议的债权人、被执行人自收到通知之日起十五日内未提出反对意见的，执行法院依异议人的意见对分配方案审查修正后进行分配；提出反对意见的，应当通知异议人。异议人可以自收到通知之日起十五日内，以提出反对意见的债权人、被执行人为被告，向执行法院提起诉讼；异议人逾期未提起诉讼的，执行法院按照原分配方案进行分配。诉讼期间进行分配的，执行法院应当提存与争议债权数额相应的款项。"

三、预售商品房如有尚未办理建筑物所有权首次登记、预告登记的财产与办理建筑物所有权首次登记时的财产不一致、抵押预告登记已经失效等情形，导致不具备办理抵押登记条件的，预抵押权人对抵押财产不享有优先受偿权

《最高人民法院关于适用〈中华人民共和国民法典〉有关担保制度的解释》第五十二条第一款规定："当事人办理抵押预告登记后，预告登记权利人请求就抵押财产优先受偿，经审查存在尚未办理建筑物所有权首次登记、预告登记的财产与办理建筑物所有权首次登记时的财产不一致、抵押预告登记已经失效等情形，导致不具备办理抵押登记条件的，人民法院不予支持；经审查已经办理建筑物所有权首次登记，且不存在预告登记失效等情形的，人民法院应予支持，并应当认定抵押权自预告登记之日起设立。"可见，预告登记权利人对抵押财产不享有优先受偿权的情形有三种：（1）财产尚未办理建筑物所有权首次登记；（2）预告登记的财产与办理建筑物所有权首次登记时的财产不一致；（3）抵押预告登记已经失效。所以在诉讼中，如法院查明确实存在上述三种情形之一的，预告登记权利人请求就抵押财产优先受偿，人民法院不予支持。

值得注意的是，实践中购房人（被执行人）不按期偿还抵押银行按揭贷款达到一定的期数后，抵押银行通常起诉要求购房人偿还贷款，开发商承担连带清偿责任，以及主张对预抵押房产享有优先受偿权等，如法院判决抵押银行对预抵押房产不享有优先受偿权，则抵押银行要求开发商全额代偿。开发商全额代偿后起诉购房人，诉请解除房屋买卖合同，返还房屋、要求购房人承担违约责任等通常获得法院支持。在执行程序中，开发商依据该判决书对另案的查封、拍卖等执行行为提出执行异议，请求排除另案对该商品房执行的，亦可获得法院支持。这种情形下，申请执行人可申请法院执行开发商应向购房人（被执行人）返还的首付款。

相关规定

《最高人民法院关于适用〈中华人民共和国民事诉讼法〉的解释》（2022年修正）

第五百零六条第二款　对人民法院查封、扣押、冻结的财产有优先权、担保物权的债权人，可以直接申请参与分配，主张优先受偿权。

第五百零九条　多个债权人对执行财产申请参与分配的，执行法院应当制作财产分配方案，并送达各债权人和被执行人。债权人或者被执行人对分配方案有异议的，应当自收到分配方案之日起十五日内向执行法院提出书面异议。

第五百一十条　债权人或者被执行人对分配方案提出书面异议的，执行法院应当通知未提出异议的债权人、被执行人。

未提出异议的债权人、被执行人自收到通知之日起十五日内未提出反对意见的，执行法院依异议人的意见对分配方案审查修正后进行分配；提出反对意见的，应当通知异议人。异议人可以自收到通知之日起十五日内，以提出反对意见的债权人、被执行人为被告，向执行法院提起诉讼；异议人逾期未提起诉讼的，执行法院按照原分配方案进行分配。

诉讼期间进行分配的，执行法院应当提存与争议债权数额相应的款项。

《最高人民法院关于适用〈中华人民共和国民法典〉有关担保制度的解释》

第五十二条第一款　当事人办理抵押预告登记后，预告登记权利人请求就抵押财产优先受偿，经审查存在尚未办理建筑物所有权首次登记、预告登记的财产与办理建筑物所有权首次登记时的财产不一致、抵押预告登记已经失效等情形，导致不具备办理抵押登记条件的，人民法院不予支持；经审查已经办理建筑物所有权首次登记，且不存在预告登记失效等情形的，人民法院应予支持，并应当认定抵押权自预告登记之日起设立。

———◇ 第四章 ◇———

常见执行问题

如何适用"执行异议"和"执行异议之诉"?

黄文柳　吴俞霞

民事诉讼法程序赋予了当事人、利害关系人对执行行为提出异议,以及案外人对执行标的提出异议和异议之诉的权利,但却常常混淆这两种非常重要的执行救济制度,那么,"执行异议"和"执行异议之诉"制度该如何适用?

一、对执行行为提出异议

《民事诉讼法》(2017 年修正)第二百二十五条规定:"当事人、利害关系人认为执行行为违反法律规定的,可以向负责执行的人民法院提出书面异议。当事人、利害关系人提出书面异议的,人民法院应当自收到书面异议之日起十五日内审查,理由成立的,裁定撤销或者改正;理由不成立的,裁定驳回。当事人、利害关系人对裁定不服的,可以自裁定送达之日起十日内向上一级人民法院申请复议。"

该法条赋予了当事人、利害关系人对执行法院的具体执行行为以及执行的期间、顺序等提出异议及申请复议的权利。

1. 如何界定"利害关系人"的范围以及如何区分"利害关系人"和"案外人"

利害关系人是指当事人以外的对人民法院的执行行为程序性事项提出异议的人,如果主张能够排除执行的实体权益,则其身份应认定为案外人,应依照案外人异议程序提出。根据《执行异议和复议规定》第五条的规定:"有下列情形之一的,当事人以外的自然人、法人和其他组织,可以作为利害关系人提出执行行为异议:

（一）认为人民法院的执行行为违法，妨碍其轮后查封、扣押、冻结的债权受偿的；

（二）认为人民法院的拍卖措施违法，妨碍其参与公平竞价的；

（三）认为人民法院的拍卖、变卖或者以物抵债措施违法，侵害其对执行标的的优先购买权的；

（四）认为人民法院要求协助执行的事项超出其协助范围或者违反法律规定的；

（五）认为其他合法权益受到人民法院违法执行行为侵害的。"

例如，张三对 A 法院要求其协助执行被执行人李四在其处的财产，如张三提出其处没有李四的财产，该异议目的并非阻止执行，属于利害关系人对执行行为提出的异议。若张三提出法院要求其协助执行的这些财产属于其所有，则由于其异议主张的是对执行标的的所有权，目的是排除对该财产的执行，应依照案外人异议程序提出。

2. 可以对哪些"执行行为"提出异议

执行行为是执行法院在执行过程中作出的能够发生一定法律效果的行为，依据《执行异议复议规定》第七条的规定，可以提出异议的行为主要有三类：

（1）查封、扣押、冻结、拍卖、变卖等或以裁定等相关法律文书作为载体的以物抵债、暂缓执行、中止执行、终结执行等各类执行措施；

（2）执行的顺序、期间等应当遵守的法定程序；

（3）人民法院在执行过程中作出的侵害当事人、利害关系人合法权益的其他行为。

3. 是否对人民法院在执行中作出的所有行为均可提出异议

依据《最高人民法院关于高级人民法院统一管理执行工作若干问题的规定》，指定执行、提级执行、委托执行及交叉执行均系各级人民法院之间的执行协助、协调，都是对法院执行管辖权的一种变更。其中，指定执行是上级法院通过行使监督、管理职权而将案件由有管辖权的法院转移到无管辖权的法院，以使执行管辖权全部或部分发生转移的特殊制度。因此，并非对人民法院在执行中作出的所有行为均可提出异议。上级法院依职权对下级法院之间产生的执行争议作出协调处理决定，裁定指定执行、提级执行和针对异议裁定作出复议裁定等监督行为，以及人民法院作出的更换承办人员、延长执行期限等内部管理行为，均非执行法院在执行过程中作出的具体执行行为，不属于法律规定的执行异议或者复议案件的受理范围。

4. 提出异议的期限

依据《执行异议复议规定》第六条的规定及相关司法解释，当事人、利害关系人对执行行为提出异议的目的，旨在纠正违法的执行行为，应在执行程序终结之前提出。因为执行程序终结之后需要纠正的违法行为已经不存在，提出异议已无实益。但是针对法院作出的终结执行本身，在收到终结执行法律文书之日起或应当自知道人民法院终结执行之日起 60 日内仍可以提出异议。

二、对执行标的提出异议

《民事诉讼法》第二百二十七条规定："执行过程中，案外人对执行标的提出书面异议的，人民法院应当自收到书面异议之日起十五日内审查，理由成立的，裁定中止对该标的的执行；理由不成立的，裁定驳回。案外人、当事人对裁定不服，认为原判决、裁定错误的，依照审判监督程序办理；与原判决、裁定无关的，可以自裁定送达之日起十五日内向人民法院提起诉讼。"

该法条规定了案外人异议是基于对执行标的主张实体权利而提出异议或者诉讼，属于实体上的执行救济。

1. 如何界定"案外人"和"当事人"

依据《民事诉讼法》第二百二十七条的规定，作为案外人而提起执行异议之诉的，一般应符合两方面条件：一是程序条件，即案外人主张权利所指向的标的物必须是执行程序中的标的物；二是实体条件，即案外人对该执行标的物主张的权利必须是所有权或者其他足以阻止执行标的物转让、交付的实体权利。

作为案件当事人是可以提起执行异议之诉的，但被执行人是否属于可提起异议之诉的"当事人"呢？最高人民法院《民事案件案由规定》只规定了案外人执行异议之诉和申请执行人执行异议之诉两种案由。且《民事诉讼法解释》（2020 年修正）第三百零九条明确规定："申请执行人对中止执行裁定未提起执行异议之诉，被执行人提起执行异议之诉的，人民法院告知其另行起诉。"由此可见，被执行人无权提起执行异议之诉，《民事诉讼法》第二百二十七条所指的"当事人"不包括被执行人。

2. 提出案外人异议的期限

依据《民事诉讼法解释》第四百六十四条的明确规定，案外人应当在争议的"执行标的执行程序终结前"提出案外人异议。《执行异议和复议规定》第六条第二款规定，将"执行标的执行程序终结前"分为两种情形予以认定，即"特定标的物执行终结之前"和"执行程序终结之前"。前者指拍卖、变卖成交裁定或以物抵债裁定生效导致执行标的物权发生转移前，以及执行款分配之前；对于不动产和有登记的动产或者其他财产权，是指协助办理过户登记等通知书送达之前；对于动产或者银行存款类财产，指在交付或者拨付申请执行人之前。后者指债权受偿后，执行程序完全终结之前，当执行标的由申请执行人或者被执行人受让的，因错误执行案外人财产所获得的利益应当予以返回，只要执行程序尚未结束，案外人即可提出异议。

3. 提起异议之诉的审查标准

《执行异议和复议规定》确立了"以形式审查为原则，以实质审查为例外"的案外人异议审查规则，但是只要案外人异议指向的对象是执行标的物，且依据的基础权利是所有权或者其他足以阻止转让、交付的实体权利，即构成实体异议，不管其主张实体权利的依据是否涉及其他法院的相关生效法律文书，执行法院应当按照《民事诉讼法》第二百二十七条的规定进行审查，以保护案外人和当事人通过诉讼途径寻求实体救济的合同权利，即执行当事人或者案外人对审查结果不服的，应当提起申请执行人异议之诉或案外人异议之诉进行救济，而不是向上一级人民法院提起复议。

4. 对异议裁定不服，是提起异议之诉还是按照审判监督程序办理

依据《民事诉讼法》第二百二十七条的规定，执行过程中，案外人对执行标的所提书面异议被驳回后，应根据其权利主张与原判决、裁定之间关系，依法选择通过审判监督程序或执行异议之诉维护其合法权益。执行异议之诉针对的是执行行为本身，其核心在于以案外人是否对执行标的具有足以阻却执行程序正当权利为前提，就执行程序应继续还是停止作出评价和判断。

但如案外人权利主张所指向民事权利义务关系或其诉请所指向标的物与原判决、裁定确定的民事权利义务关系或该权利义务关系客体具有同一性，执行标的就是作为执行依据的生效裁判确定的权利义务关系的特定客体，则

属于"认为原判决、裁定错误"情形。

比如，张三对 A 银行与李四之间的贷款行为及抵押权效力提出异议，异议被驳回后，其应当按照审判监督程序办理。因为执行法院是依据生效的判决对包括案涉房产在内的登记在李四名下且已办理了银行抵押登记的财产采取的执行措施，该生效判决确认银行享有抵押权并有权优先受偿。张三提出的异议意在否定执行依据即法院生效判决的合法性，此情况下，应属《民事诉讼法》第二百二十七条有关"案外人、当事人对裁定不服，认为原判决、裁定错误的，依照审判监督程序办理"规定情形。

特别要提示的是，针对仲裁机构作出的确权裁决书或仲裁调解书的执行，若案外人提起执行异议之诉的目的在于否定仲裁裁决书与调解书本身，即认为执行依据错误的，应依法向仲裁机构所在地中级人民法院申请撤销。

5. 案外人执行异议之诉应由哪个法院管辖

《最高人民法院关于依法制裁规定执行行为的若干意见》第九条、第十一条规定，在执行阶段，案外人对人民法院已经查封、扣押、冻结的财产提起异议之诉的，应当依照《民事诉讼法》第二百二十七条和《民事诉讼法解释》第三百零四条的规定，案外人异议之诉由执行法院专属管辖。

案外人异议之诉的目的，在于阻却对标的物的强制执行，本质仍是针对标的物享有实体权利。若案外人以执行债务人为被告在其他法院另行提起确权之诉，由于执行债权人并非该案当事人，无法参加诉讼，极易出现案外人与债务人恶意串通，对执行标的物权属达成一致获得胜诉判决以对抗执行的情形。

因此，如案外人违反上述管辖规定，向执行法院之外的其他法院起诉，由此取得生效裁判文书将已被执行法院查封、扣押、冻结的财产确权或者分割给案外人，或者第三人与被执行人虚构事实取得人民法院生效裁判文书申请参与分配，执行法院认为该生效裁判文书系恶意串通规避执行、损害执行债权人利益的，可以向作出该裁判文书的人民法院或者其上级法院提出书面建议，有关法院应当依照《民事诉讼法》和有关司法解释的规定决定再审。

6. 在执行异议之诉中能否对执行标的权属一并要求确权

根据《民事诉讼法解释》第三百一十二条第二款的规定，案外人提起执行异议之诉，同时提出确认其权利的诉讼请求的，人民法院可以在判决中一并作出裁判。案外人执行异议之诉的诉讼标的为程序上的异议权，提起执行异议之诉的目的为排除对特定执行标的的强制执行，当事人之间的实体法律关系为该异议权存在与否的先决条件，但并非案外人执行异议之诉的诉讼标的，案外人执行异议之诉只需解决对当事人主张的特定执行标的是否可以强制执行的问题，无须对当事人之间实体权利义务作出裁判。

如案外人仅向执行法院主张排除对特定标的的强制执行，并未请求法院对其实体权利成立作出裁判的，则为纯粹的案外人执行异议之诉，法院应对是否执行该标的作出判决；如当事人在提起执行异议之诉的同时，又提出诉讼请求主张法院对实体法律关系一并作出裁决的，则属于执行异议之诉与普通民事诉讼合并，而非单纯的执行异议之诉，法院应依上述司法解释规定，根据当事人诉请一并作出裁判。

三、执行行为异议、案外人异议和异议之诉的区别和相同之处

二者最本质的区别在于执行行为异议是对违反法律规定的执行行为提出异议，属于程序上的执行救济；而案外人异议及异议之诉则是基于对执行标的主张实体权利而提出异议或者诉讼，属于实体上的执行救济。

1. 执行行为异议、案外异议和异议之诉的区别

（1）目的不同。对执行行为提出异议的目的在于将违反法律规定的执行行为予以更正或者撤销，以维护当事人或利害关系人程序上的利益；案外人异议和异议之诉的目的则在于排除对特定标的的执行，以维护当事人或利害关系人的实体权益。

（2）事由不同。对执行行为提出异议的事由系针对执行程序本身存在的违法问题；案外人异议和异议之诉的事由系案外人主张对特定标的所有权或其他足以排除强制执行的实体权利。

（3）当事人不同。对执行行为的异议可以由申请执行人、被执行人或其他利害关系人提起；案外人异议和异议之诉只能由案外人和申请执行人提起。

（4）审查处理机构不同。对执行行为提出的异议涉及的是程序问题，由执行法院的执行机构审查处理；案外人异议和异议之诉涉及实体争议，执行机构只能作初步审查，最终需要由审判机构进行实体审理。

（5）裁判的程序和形式不同。对执行行为提出异议后，在审查处理时不

一定要进行言词辩论，执行机构可以直接作出裁定；案外人异议之诉则应依照通常诉讼程序进行审理，除不予受理、驳回起诉、对管辖有异议等事项适用裁定外，其他事项的处理应当作出判决。

2. 执行行为异议、案外人异议和异议之诉的相同点

异议审查是提起复议或异议之诉的前置程序，即当事人、利害关系人须对执行行为提出异议，案外人须对执行标的提出异议，对法院作出裁定不服时才可以提起复议或异议之诉。

夫债妻还？在执行中能否直接追加债务人配偶为被执行人？

黄文柳　吴俞霞

民事判决书依法判决夫妻中的一方对债权人的债务承担偿还责任时，在执行程序中可否追加其配偶为被执行人？能否申请执行被执行人配偶名下的财产？这是我们在执行实务中经常遇到的问题，下面通过几个案例的分享，向大家分析实践当中前述问题的处理方式，以期更好地保护及实现债权人的合法权益。

一、在执行程序中，能否直接追加被执行人配偶为被执行人

 案例一

上海瑞新恒捷投资有限公司与保定市满城振兴化工厂、
王某军、吴某霞货款合同纠纷申请执行监督一案
最高人民法院（2015）执申字第 111 号

【案情简介】

上海瑞新恒捷投资有限公司（以下简称上海瑞新公司）在申请强制执行保定市满城振兴化工厂（以下简称满城化工厂）过程中，向法院申请追加满城化工厂的股东王某军及其配偶吴某霞为被执行人，兰州中院裁定追加王某军为被执行人，驳回追加吴某霞为被执行人的申请。上海瑞新公司不服，以王某军所负债务属夫妻共同债务为由追加吴某霞为被执行人向甘肃高院申请复议，甘肃高院驳回其诉求后其再次向最高人民法院申请执行监督。最高人

民法院认为上海瑞新公司的申诉请求缺乏事实与法律依据，裁定驳回其申诉请求。

◉ **法院认为：**

执行程序中追加被执行人，意味着直接通过执行程序确定由生效法律文书列明的被执行人以外的人承担实体责任，对各方当事人的实体和程序权利将产生极大影响。因此，追加被执行人必须遵循法定主义原则，即应当限于法律和司法解释明确规定的追加范围，既不能超出法定情形进行追加，也不能直接引用有关实体裁判规则进行追加。从现行法律和司法解释的规定看，并无关于在执行程序中可以追加被执行人的配偶或原配偶为共同被执行人的规定，申请执行人上海瑞新公司根据婚姻法及婚姻法司法解释等实体裁判规则，以王某军前妻吴某霞应当承担其二人婚姻关系存续期间之共同债务为由，请求追加吴某霞为被执行人，甘肃高院因现行法律或司法解释并未明确规定而裁定不予追加，并无不当，上海瑞新公司的申诉请求应予驳回。但是，本院驳回上海瑞新公司的追加请求，并非对王某军所负债务是否属于夫妻共同债务或者吴某霞是否应承担该项债务进行认定，上海瑞新公司仍可以通过其他法定程序进行救济。

案例二

黑龙江何某申请执行监督案
检例第 110 号

【案情简介】

张某与何某系夫妻关系，黑龙江省铁力市人民法院作出判决，判令张某偿还魏某借款本金 35 万元，后魏某向法院申请强制执行。铁力市人民法院以借款系夫妻共同债务为由，裁定追加何某为被执行人，并冻结何某工资。何某提出执行异议、复议，被驳回后，依法向铁力市人民检察院申请执行监督。伊春市中级人民法院作出执行裁定，撤销铁力市人民法院追加何某为被执行人的执行裁定，解除对何某工资账户的冻结。

◉ 法院认为：

伊春市中级人民法院指出，审判和执行程序分工不同，当事人实体权利义务应由审判程序予以确定，执行程序通常不应直接确定当事人实体权利义务，只能依照执行依据予以执行。变更、追加被执行人应当遵循法定原则，对于法律或司法解释规定情形之外的，不能变更、追加，否则实质上剥夺了当事人的诉讼权利，属于程序违法。

▶ 律师解析

通过以上两个案例，我们可以得知，在执行程序中，判决债务人为配偶一方时，不能在执行程序中以债务系夫妻共同债务为由，直接追加债务人的配偶为被执行人。

《最高人民法院关于能否在执行程序中确定夫妻共同债务的答复》（〔2012〕执他字第8号）指出，对于是否属夫妻共同债务，属于实体问题，在涉案生效判决并未明确的情况下，不应通过执行程序直接确定为夫妻共同债务。该规定明确了未经诉讼而直接在执行程序中认定债务系夫妻共同债务，追加夫妻另一方为被执行人，苛责其承担法律义务，实为剥夺了其诉讼权利，严重违反诉讼程序。

2016年11月22日最高人民法院公布的《关于在执行工作中规范执行行为切实保护各方当事人财产权益的通知》（法〔2016〕401号）第二条第三款规定："在执行程序中直接变更、追加被执行人的，应严格限定于法律、司法解释明确规定的情形。各级人民法院应严格依照即将实施的《最高人民法院关于民事执行变更、追加当事人若干问题的规定》，避免随意扩大变更追加范围。"

《最高人民法院关于依法妥善审理涉及夫妻债务案件有关问题的通知》第二条规定："在审理以夫妻一方名义举债的案件中，原则上应当传唤夫妻双方本人和案件其他当事人本人到庭；需要证人出庭作证的，除法定事由外，应当通知证人出庭作证。在庭审中，应当按照《民事诉讼法解释》的规定，要求有关当事人和证人签署保证书，以保证当事人陈述和证人证言的真实性。

未具名举债一方不能提供证据，但能够提供证据线索的，人民法院应当根据当事人的申请进行调查取证；对伪造、隐藏、毁灭证据的要依法予以惩处。未经审判程序，不得要求未举债的夫妻一方承担民事责任。"

故，在执行程序中，对于是否属于夫妻共同债务，应经审判程序进行认定，而非在执行程序中直接追加被执行人配偶为被执行人。

二、能否通过执行异议之诉确认夫妻共同债务并追加配偶另一方为被执行人

刘某海与赵某等申请人执行异议之诉案

山东省滨州市中级人民法院（2016）鲁民终 2254 号

【案情简介】

赵某与王某清系夫妻关系，后双方于 1998 年 7 月经法院调解离婚，案涉房屋归赵某居住使用。1998 年 6 月法院作出民事调解书，王某清、张某忠应依约向滨州市南杨木器厂清偿欠款。滨州市南杨木器厂申请强制执行，后申请执行人变更为刘某海。2015 年，执行法院查封了案涉单位房屋，赵某依法提起执行异议，法院裁定中止对案涉房屋的执行。刘某海提起执行异议之诉，要求继续执行案涉房屋的同时，要求赵某对王某清、张某忠的债务承担连带清偿责任。法院依法驳回了刘某海的诉讼请求。

◉ 法院认为：

作为法律对执行程序启动后，就案外人权利保护提供的司法救济途径，案外人/申请执行人执行异议之诉针对的是执行行为本身。其核心在于以案外人是否对执行标的具有足以阻却执行程序的正当权利为前提，就特定执行标的是否应当继续执行作出评判。值得强调的是，《民事诉讼法》第二百二十七条及《民事诉讼法解释》第三百零五条、第三百零六条均规定，当事人提起案外人/申请执行人执行异议之诉，其诉讼请求应当"与原判决、裁定无关"。

作为执行依据的判决、裁定等生效法律文书，其既判力非经法定程序不得撤销。执行异议之诉的功能不包括纠正执行依据的错误，无权对执行依据作出变更。不服执行异议裁定的当事人如对执行依据的内容有异议，应当以申请再审或法律规定的其他方式寻求救济，而无权要求人民法院在案外人/申请执行人执行异议之诉案件中变更执行依据的内容。被上诉人刘某海提起本案诉讼时要求赵某对（1998）滨西民初字第185号民事调解书中王某清、张某忠的债务承担连带责任，实质上是要求变更执行依据的内容，违反了诉讼请求应与原判决、裁定无关的规定，超越了申请执行人执行异议之诉的范围。当事人虽围绕涉案债务是否系赵某、王某清的共同债务展开争论，但该问题实非本案审理范围，依法不予审查。

 **案例二**

再审申请人叶某被申请人王某普、戴某忠申请执行人执行异议之诉案
最高人民法院（2017）最高法民再354号

【案情简介】

2014年9月仲裁委员会裁决戴某忠向王某普偿付125万元及利息。后王某普向法院申请强制执行，并申请追加戴某忠的配偶叶某为被执行人。执行法院驳回了其申请。王某普就此提起了执行异议之诉，最终法院驳回了其诉求。

◉ **法院认为：**

本案是申请执行人王某普提起的执行异议之诉。原审判决依据《民事诉讼法》第二百二十七条规定，认定王某普提起执行异议之诉属于执行异议之诉的受理范围。根据该规定：第一，该条规定的是执行程序中案外人对执行标的提出异议的情形，而非申请执行人申请追加被执行人的情形；第二，人民法院经审查案外人提出的异议，认定理由不成立作出裁定驳回案外人执行异议申请后，对驳回裁定不服，可以提起诉讼的主体是案外人；第三，申请

执行人可以提起诉讼的裁定应当是人民法院作出的中止执行裁定。因为只有在案外人对执行标的提出异议，人民法院作出中止执行裁定，阻却了执行程序时，申请执行人才有提起执行异议之诉，请求继续执行之必要。《民事诉讼法解释》第三百零六条第一款进一步明确了申请执行人提起执行异议之诉的条件，该规定是对《民事诉讼法》第二百二十七条的进一步解释。根据该规定，申请执行人提起执行异议之诉的前提条件是，案外人提起了阻却对执行标的的执行异议申请，且人民法院已经作出中止执行的裁定。也就是说，案外人提出执行异议，执行法院经审查认定案外人执行异议成立，且已作出中止执行裁定，是申请执行人提起执行异议之诉的前置程序。本案中，王某普并不是基于案外人提出执行异议申请，执行法院作出中止执行裁定，其不服该裁定所提出的执行异议之诉，而是对执行法院作出的驳回追加申请裁定不服提起的诉讼。因此，王某普提起本案诉讼不符合上述法律规定的申请执行人提起执行异议之诉的条件。原审判决依据《民事诉讼法》第二百二十七条规定，认定王某普提起本案诉讼符合法律规定，适用法律不当，本院予以纠正。

▶ 律师解析

《民事诉讼法》（2017 年修正）第二百二十七条规定："执行过程中，案外人对执行标的提出书面异议的，人民法院应当自收到书面异议之日起十五日内审查，理由成立的，裁定中止对该标的的执行；理由不成立的，裁定驳回。案外人、当事人对裁定不服，认为原判决、裁定错误的，依照审判监督程序办理；与原判决、裁定无关的，可以自裁定送达之日起十五日内向人民法院提起诉讼。"该规定非常明确，执行异议之诉与作为执行依据的民事诉讼或仲裁程序是相互独立的，就被执行人所负的债务是否负有连带清偿义务，不是执行异议之诉的审查范围。

通过以上两个案例，我们可知，债权人在执行程序中申请追加债务人的配偶为被执行人，法院驳回申请后，债权人不得提起执行异议之诉。

三、既然不能在执行程序中直接追加被执行人的配偶，那么能否直接执行夫妻共同财产

刘某丽与郭某坡、高某建案外人执行异议之诉案
河北省石家庄市中级人民法院（2019）冀 01 民终 3361 号

【案情简介】

刘某丽与高某建系夫妻关系，婚姻存续期间购买了一套商品房、一辆小轿车，均登记在高某建名下。法院判决陈某应向郭某坡偿还借款 140 万元，高某建作为担保人承担连带赔偿责任。陈某向法院申请强制执行，执行法院查封并拍卖、变卖了登记在高某建名下的房产、车辆。刘某丽以案涉财产系属于夫妻共同财产，本案债务不属于夫妻共同债务，案涉财产至少有一半属于其所有为由，提起执行异议和执行异议之诉，请求停止对涉案房产、车辆的拍卖。

● 法院认为：

（1）涉案房产、车辆均系刘某丽与高某建婚姻存续期间购置的，在无特别约定下，涉案房屋、车辆应属于夫妻共同财产。（2）高某建所负债务是否属于刘某丽与高某建夫妻共同债务，《最高人民法院民一庭关于夫妻一方对外担保之债能否认定为夫妻共同债务的复函》专门对夫妻一方对外担保之债能否认定为夫妻共同债务进行了明确，本案高某建所负金钱债务系为陈某提供的担保之债，担保借款协议中并无刘某丽的签字，且该借款数额较大，明显超出家庭日常的生活需要，申请执行人亦未提交证据证明该债务用于刘某丽、高某建的共同生活或生产经营，故高某建以个人名义所负的对外担保之债不属于其与刘某丽的夫妻共同债务。（3）刘某丽就涉案房屋、车辆享有的实体

权利份额如何确认。夫妻双方对共同所有的财产有平等的处理权，在无其他证据证明共同财产份额归属的情况下，夫妻各自对共有财产的权利份额一般应予均分。故认定刘某丽享有涉案房屋、车辆一半的所有权。（4）刘某丽享有的实体权利能否排除对执行标的的强制执行。涉案房屋、车辆等实物性财产作为执行标的，如分割处理则会严重损害其整体效用和价值，结合《最高人民法院关于人民法院民事执行中查封、扣押、冻结财产的规定》第十四条，刘某丽基于共有对涉案房屋、车辆享有的权益不足以排除对执行标的强制执行。故对刘某丽要求停止涉案房屋、车辆拍卖的诉请予以驳回。（5）如何维护刘某丽享有执行标的实体权利的合法权益。在确认刘某丽享有执行标的实体权利份额的情况下，在判项中排除执行刘某丽享有的拍卖执行标的的折价款的对应份额，实现维护刘某丽合法权益的目的。

律师解析

根据《最高人民法院关于人民法院民事执行中查封、扣押、冻结财产的规定》（2020年修正）第十二条的规定："对被执行人与其他人共有的财产，人民法院可以查封、扣押、冻结，并及时通知共有人。共有人协议分割共有财产，并经债权人认可的，人民法院可以认定有效。查封、扣押、冻结的效力及于协议分割后被执行人享有份额内的财产；对其他共有人享有份额内的财产的查封、扣押、冻结，人民法院应当裁定予以解除。共有人提起析产诉讼或者申请执行人代位提起析产诉讼的，人民法院应当准许。诉讼期间中止对该财产的执行。"根据该规定，法院可以查封、冻结夫妻婚姻存续期间共有的财产，但实践中夫妻另一方可以通过协议或诉讼方式析分共有财产，申请执行人亦可提起代位诉讼析产。若共有人或申请执行人均未采取前述方式析产的，执行法院可以继续对共有财产进行拍卖、变卖，在分配财产拍卖、变卖款项时，根据共有情况确认另一份的共有份额。因此，在执行程序中，可以申请法院执行被执行人的夫妻共有财产。

执行过程中，如何用好夫妻共同债务确认之诉？

黄文柳　吴俞霞

债权人向人民法院申请强制执行夫妻一方个人对外所负债务时，往往会发现，负债一方名下已无可供执行财产。被执行人配偶名下有可供执行财产，债权人却无法在执行程序中通过追加程序追加被执行人配偶为被执行人，进而直接执行其名下财产。面对这种情况，债权人只能如鲠在喉，无计可施吗？下面，让我们通过几个案例，看看实践当中遇到前述问题时应如何处理，才能更好地保护和实现债权人的合法权益。

一、在执行程序中，另行提起夫妻共同债务确认之诉

案例一

刘某芬与陆某诚夫妻共同债务确认纠纷上诉案
广西壮族自治区南宁市中级人民法院（2012）南市民一终字第1××9号

【案情简介】

陆某诚与刘某芬原系夫妻关系。夫妻关系存续期间，陆某诚以个人名义向李某群借款共计81万元。南宁市中级人民法院作出生效判决，判决陆某诚偿还李某群借款本金81万元及相应利息。案件进入执行程序后，李某群以前述债务为陆某诚与刘某芬的夫妻共同债务为由申请追加刘某芬为案件被执行人，法院依其申请一并查封了刘某芬名下的财产。刘某芬提出执行异议要求解除查封。南宁市中级人民法院作出民事裁定书，认为因本案债务涉及是夫

妻共同债务还是个人债务的认定问题，需经一定程序质证后才能确认，在执行程序中不宜处理。李某群随后以陆某诚、刘某芬为共同被告起诉至南宁市青秀区人民法院，要求确认陆某诚所借李某群的债务本金 81 万元及利息为陆某诚、刘某芬的夫妻共同债务。法院经审理后作出判决陆某诚所负的债务为陆某诚、刘某芬的夫妻共同债务。

◉ **法院认为：**

对李某群与陆某诚借款纠纷一案的处理，本院作出民事判决已发生法律效力，并已进入执行程序。因陆某诚是在与刘某芬夫妻关系存续期间向李某群借款，李某群起诉陆某诚还款时虽没有将刘某芬列为共同被告，但本院民事判决书也没有确认陆某诚的借款债务不是陆某诚与刘某芬夫妻关系存续期间的共同债务。刘某芬是否是承担前述借款纠纷案的被执行主体，涉及对陆某诚借款债务性质的认定，而债务性质的认定，须经审判程序进行庭审质证后才能确认，不属于执行程序解决的范围，因此由李某群就陆某诚借款的债务是否是陆某诚与刘某芬夫妻关系存续期间的共同债务通过诉讼等方式进行确认，符合法律规定。李某群与陆某诚的借款纠纷案属于给付之诉，本案之诉属于确认之诉，两个法律关系不同，分别为两个不同的诉讼。因刘某芬未能举证证明李某群与陆某诚之间明确约定借款为个人债务或陆某诚与刘某芬具有财产各自所有的约定，且李某群知道该约定，亦未能证明刘某芬分享借款或其所带来的利益，本案借款应认定为陆某诚与刘某芬在夫妻关系存续期间的共同债务，由陆某诚与刘某芬共同偿还。

 **案例二**

郁某芸、李某伟与施某夫妻共同债务确认纠纷一案

杭州市中级人民法院（2020）浙 01 民终 10××4 号

【案情简介】

郁某芸、李某伟系夫妻关系。李某伟自 2015 年至 2018 年 11 月 4 日多次

向施某借款共计 294 万元。2019 年 3 月 20 日，杭州市西湖区人民法院作出
（2018）浙 0106 民初 11××1 号民事判决书，判决李某伟归还施某借款本金
2922000 元及相应利息。判决生效后，施某依法向法院申请强制执行。

在执行过程中，因李某伟名下财产不足以支付执行款，施某即以夫妻共
同债务确认纠纷于 2020 年 6 月诉至杭州市西湖区人民法院，请求确认
（2018）浙 0106 民初 11××1 号判决书确定的李某伟应承担的债务（即借款本
金 2922000 元及相应利息）系郁某芸、李某伟夫妻共同债务。

● **法院认为：**

本案系夫妻共同债务确认纠纷一案，故本案仅需查明李某伟向施某借款，
郁某芸是否知情或该借款是否用于夫妻共同生活即可。郁某芸、李某伟是夫
妻，没有分居，也没有约定夫妻财产分别所有。第一，李某伟从施某处借得
款项部分转入郁某芸银行账户，郁某芸也会使用该部分款项，应视为郁某芸
知晓借款并对李某伟借款追认。第二，郁某芸没有证据证明李、郁夫妇在婚
姻存续期间内购买两辆轿车属个人财物支出。第三，郁某芸系家庭主妇，李
某伟个人经营的一家公司是该家庭主要收入来源，该公司投资及收益属于家
庭共有财产。因此，判决确认李某伟所负的债务为夫妻共同债务。

律师解析

在执行的过程中，债权人认为已生效判决认定的由被执行人承担的债务
属于其夫妻共同债务的，可向法院另行提起夫妻共同债务确认之诉，但提起
该诉讼的前提是债权人与被执行人之间的纠纷中，债权人未一并起诉要求被
执行人的配偶承担责任，且生效判决未对该债务系属于个人债务还是属于夫
妻共同债务进行认定。债权人需根据《民法典》第一千零六十四条相关规定，
举证证明该债务系为夫妻共同意思表示或为家庭日常生活需要或共同生产经
营所负的债务，进而争取法院认定该债务为夫妻共同债务。

在夫妻共同债务确认之诉中，被诉方往往以该诉与债权人与被执行人之
间的债务纠纷诉讼系重复起诉进行答辩。但确认之诉是当事人要求法院认定
某种法律关系存在或者不存在的诉讼。给付之诉是当事人基于某种法律关系，
要求对方当事人履行一定义务（包括作为和不作为）而发生争议，诉诸法院

请求对方为一定给付行为的诉讼。夫妻共同债务确认之诉要求法院确认被执行人所负债务是夫妻共同债务，本质上属于确认之诉，而债权人与被执行人之间的纠纷一般属于给付之诉，二者案由不同，法律性质不同，诉讼主体不同，诉求不同，一般不构成重复起诉。

二、如何确认夫妻共同债务确认之诉的管辖法院

胡某与李某民事管辖裁定书

甘肃省张掖市中级人民法院（2021）甘07民辖终××号

【案情简介】

胡某诉被告李某、于某夫妻共同债务确认之诉一案中，胡某向执行法院提起诉讼，后执行法院将案件移送至被告住所地法院审理，胡某就管辖法院提起上诉，要求由执行法院管辖。法院审理后驳回了其诉求。

◉ 法院认为：

依照《民事诉讼法》第二十一条之规定，对公民提起的民事诉讼，由被告住所地人民法院管辖；被告住所地与经常居住地不一致的，由经常居住地人民法院管辖。本案由被告住所地法院审理并无不当。

▣ 律师解析

夫妻共同债务确认之诉虽是一种较为新颖的案由，但本质上仍是确认之诉，和其他民事诉讼案由一样，应当按照《民事诉讼法》（2017年修正）第二十一条"对公民提起的民事诉讼，由被告住所地人民法院管辖；被告住所地与经常居住地不一致的，由经常居住地人民法院管辖"之规定，以被告所在地法院管辖为原则。

在夫妻共同债务确认之诉中，诉求的本质系要求被执行人的配偶共同承

担债务，因此一般应向被执行人配偶住所地法院提起诉讼。

三、夫妻共同债务确认之诉的诉讼时效问题

 案 例

黄某香、衷某国合同、无因管理、不当得利纠纷案

（2020）最高法民申 2××5 号

【案情简介】

法院判决华平公司向衷某国偿还借款本金 968 万元及利息，申某平承担连带清偿责任。案件进入执行过程，申请执行人衷某国提起案涉借款系申某平、黄某香夫妻共同债务确认纠纷。黄某香以该诉讼已超过诉讼时效等理由提出再审，最高人民法院审理后驳回了其申请。

● **法院认为：**

衷某国诉请只是要求确认申某平对华平公司的担保之债系申某平与黄某香的夫妻共同债务，该诉请系确认案涉债务为夫妻共同债务，没有实体给付请求权，不具有交付和接受权利义务的给付内容和执行内容，一审法院认定该主张系确认之诉，符合确认之诉法律特征，定性正确。诉讼时效制度仅适用于请求权，本案系确认之诉，不适用诉讼时效的规定。另外，衷某国在保证期间内已经向人民法院起诉，主张担保人申某平承担担保责任，一审法院也已经作出判决。因此，黄某香提出本案系给付之诉、超过诉讼时效及借款合同约定的保证期间的主张，本院不予支持。

律师解析

根据《最高人民法院关于审理民事案件适用诉讼时效制度若干问题的规定》（2020 年修正）第一条"当事人可以对债权请求权提出诉讼时效抗辩，

但对下列债权请求权提出诉讼时效抗辩的，人民法院不予支持：（一）支付存款本金及利息请求权；（二）兑付国债、金融债券以及向不特定对象发行的企业债券本息请求权；（三）基于投资关系产生的缴付出资请求权；（四）其他依法不适用诉讼时效规定的债权请求权"之规定，诉讼时效的客体为债权请求权，主要适用于给付之诉。

在执行中，申请执行人可随时提起夫妻共同债务确认之诉，但为避免被执行人实施转移可供执行财产等逃避执行行为，若确有证据证明债务属于夫妻共同债务，越早提起夫妻共同债务确认之诉并申请法院保全被执行人配偶名下财产，就越能为后续债权的执行提供保障。

随着全社会的金钱流通效率越来越高，债权债务关系也随之增多。很多时候债权人在借出款项时并未考虑到债务人偿还能力的问题，或是债务人在借款期间将其财产转移、隐匿，致使债权人的债权难以实现。夫妻共同债务确认之诉为债权人提供了一个新的救济途径，债权人可以通过该诉讼将债务人配偶拉入债务人行列，进而扩大可供执行财产范围，能够更好地保护债权人的合法利益。

资金错汇到他人被冻结的账户怎么办？

黄文柳　吴俞霞

伴随着社会科技的繁荣发展，电子支付、网络银行支付早已是我们日常生活交易的常态。但就在我们"纵享丝滑"之余，总有意外、疏忽的时候，特别是当你一不小心转错账户，甚至转入的账户已被法院采取查封冻结措施时，又该如何处理呢？

 案例一

山东佳农诚信果业有限公司、朗业发丙（天津）
租赁有限公司二审民事判决书
辽宁省高级人民法院（2019）辽民终 1033 号

● **法院认为：**

佳农公司就案涉款项提起案外人执行异议之诉，人民法院应审查其对执行标的是否享有足以排除强制执行的民事权益。关于佳农公司提出的其错误汇入东大公司已被人民法院冻结的账户内的案涉款项仍应归其所有、应停止对该款项执行的主张，一审判决认为，货币作为一般等价物，对银行账户内货币资金的权属认定应采用"占有即所有"原则，佳农公司和东大公司在未对案涉款项公示以表明其特定化的情况下，应根据该笔货币资金的占有状态认定权属。对一审判决的以上观点，本院予以认同。一审判决依据《执行异议和复议规定》第二十五条的规定认为，一方面，即使案涉款项系错误汇款，

该款项自佳农公司交付东大公司时起所有权已转移，佳农公司就案涉款项不享有足以排除强制执行的民事权益，并无不妥。另一方面，就案涉款项，佳农公司已经以东大公司为被告提起了不当得利纠纷的诉讼，且该案以调解方式审结，并已进入执行程序。《执行异议和复议规定》第二十六条第二款规定："金钱债权执行中，案外人依据执行标的被查封、扣押、冻结后作出的另案生效法律文书提出排除执行异议的，人民法院不予支持。"案涉款项已经生效法律文书确认为不当得利，应属一般债权，一审判决认为佳农公司就案涉款项不享有足以排除强制执行民事权益而驳回其诉讼请求正确。

刘某荣、河南省金博土地开发有限公司再审审查与审判监督民事裁定书
最高人民法院（2017）最高法民申 322 号

◉ **法院认为：**

（1）虽然货币属特殊种类物，在一般情况下适用"占有即所有"原则，但案涉款项系通过银行账户实现，并非以交付作为"物"的货币实现，元恒公司事实上并未从金博公司处获得与案涉款项相等价的货币；且如前所述，案涉款项因被榆林中院冻结账户并直接划扣至银行账户，元恒公司并未实际占有、控制或支配上述款项。因此，不具备适用"货币占有即所有原则"的基础条件。

（2）案外人执行异议之诉旨在保护案外人合法的实体权利，在已查明案涉款项的实体权益属案外人金博公司的情况下，直接判决停止对案涉款项的执行以保护案外人的合法权益，该处理方式既符合案外人执行异议之诉的立法目的，也有利于节省司法资源和当事人的诉讼成本；如仍要求案外人再通过另一个不当得利之诉寻求救济，除了增加当事人诉讼成本、浪费司法资源之外，并不能产生更为良好的法律效果和社会效果，亦不符合案外人执行异议之诉的立法初衷。

☑ **律师解析**

通过对前述两个案例的学习可知，当汇错款项到被人民法院查封冻结的账户时，可以通过以下两种途径解决：

其一，另案以不当得利案由提起诉讼，再依法提起执行异议和执行异议之诉。依据《民法典》第一百二十二条"因他人没有法律根据，取得不当利益，受损失的人有权请求其返还不当利益"等相关规定，汇款人可依法先向法院提起不当得利诉讼纠纷，要求返还汇错款项。之后再依据生效裁判文书，依法向执行法院提起执行异议。若执行异议被驳回，或一方当事人不服执行异议裁定的，依法提起执行异议之诉。

在此种解决方式当中，因不当得利债权系属于普通债权，汇款人享有的是返还不当得利的债权请求权，不是为物权或特殊情况下的债权，不属于足以阻却执行的特殊债权，如被查封冻结账户之人涉及诸多债务时，该债权往往被法院认定为不享有足以排除强制执行的民事权益，只能以普通债权人的身份参与分配被执行人的财产。

其二，直接提起执行异议和执行异议之诉。《民事诉讼法》（2017 年修正）第二百二十七条规定："执行过程中，案外人对执行标的提出书面异议的，人民法院应当自收到书面异议之日起十五日内审查，理由成立的，裁定中止对该标的的执行；理由不成立的，裁定驳回。案外人、当事人对裁定不服，认为原判决、裁定错误的，依照审判监督程序办理；与原判决、裁定无关的，可以自裁定送达之日起十五日内向人民法院提起诉讼。"因此，作为汇错款的案外人可以直接向执行法院提起执行异议，要求裁定中止执行汇错的款项。执行异议被驳回后，再依据《最高人民法院关于适用〈中华人民共和国民事诉讼法〉执行程序若干问题的解释》（2020 年修正）第十四条"案外人对执行标的主张所有权或者有其他足以阻止执行标的的转让、交付的实体权利的，可以依照民事诉讼法第二百二十七条的规定，向执行法院提出异议"之规定，依法向执行法院提起执行异议之诉，在确认汇错款项的归属前提下即确定汇错款项系特殊债权，汇错人对汇错的款项享有所有权，享有依法排除强制执行的民事权益。

在此种解决方式当中，在确认汇错款项所有权后，可向法院申请拿回全部汇错的款项。

需要注意的是，汇错款项到被人民法院查封冻结的银行账户，不管选择以上哪一种解决方式，汇错人均要提供充分证据证明汇错款项系误转，确认该款项的归属系汇错人。

被执行人死亡后，谁才是被执行人？

吴俞霞　邓　琪

俗话说，"冤有头，债有主。"一般情况下，在债务人不履行生效裁判文书确定的义务时，债权人可直接向人民法院申请强制执行债务人。但是，当作为自然人的债务人死亡后，在执行程序中能否直接变更其继承人为被执行人呢？若其继承人放弃继承遗产或无人继承遗产时，又该向谁主张呢？

李某琴、曾某柏执行审查类执行裁定书
贵州省高级人民法院（2021）黔执复 20 号

【案情简介】

黔东南中院在执行曾某柏与邢某照民间借贷纠纷一案中，被执行人邢某照因病逝世，申请执行人曾某柏向法院申请变更邢某照的遗产继承人李某琴为本案被执行人。李某琴不服该变更执行裁定，依法提起执行异议、复议。

● **法院认为：**

《民事诉讼法》第二百三十二条规定："作为被执行人的公民死亡的，以其遗产偿还债务……"《民事诉讼法解释》第四百七十五条规定："作为被执行人的公民死亡，其遗产继承人没有放弃继承的，人民法院可以裁定变更被执行人，由该继承人在遗产的范围内偿还债务……"《最高人民法院关于民事执行中变更、追加当事人若干问题的规定》第十条规定："作为被执行人的自然人死亡或被宣告死亡，申请执行人申请变更、追加该自然人的遗产管理人、继承人、受遗赠人或其他因该自然人死亡或被宣告死亡取得遗产的主体为被执行人，在遗产范围内承担责任的，人民法院应予支持……"本案中，被执行人邢某照于2018年10月19日因病逝世，（2019）黔东南凯城证民字第179号《公证书》证明了邢某照逝世，其母亲、女儿自愿放弃邢某照的遗产，即贵州德正房地产开发有限公司的股东资格及50%的股权，该股权出资额为人民币贰仟伍佰玖拾万元（￥25,900,000.00），该遗产由李某琴一人继承的事实。因此，申请执行人曾某柏向黔东南中院申请变更李某琴为本案被执行人，黔东南中院作出（2020）黔26执异44号执行裁定变更李某琴为本案被执行人，在遗产范围内承担责任符合法律规定，并不会损害李某琴的合法权利。

 **案例二**

张某富与金某发借款合同纠纷执行异议裁定书
南通市通州区人民法院（2021）苏0612执异81号

【案情简介】

法院在执行张某富与金某发民间借贷纠纷一案中，因被执行人金某发已死亡，申请执行人张某富以南通市通州区民政局为金某发的遗产管理人为由，申请变更南通市通州区民政局为本案被执行人，在遗产范围内承担责任。

● **法院认为：**

依据《民法典》相关规定，继承开始后，遗嘱执行人为遗产管理人；没有遗嘱执行人的，继承人应当及时推选遗产管理人；继承人未推选的，由继承人共同担任遗产管理人；没有继承人或者继承人均放弃继承的，由被继承人生前住所地的民政部门或者村民委员会担任遗产管理人。且依据《最高人民法院关于民事执行中变更、追加当事人若干问题的规定》第十条规定，作为被执行人的自然人死亡或被宣告死亡，申请执行人申请变更、追加该自然人的遗产管理人、继承人、受遗赠人或其他因该自然人死亡或被宣告死亡取得遗产的主体为被执行人，在遗产范围内承担责任的，人民法院应予支持。本案中，被执行人金某发死亡，其继承人放弃继承，应当由其生前住所地的南通市通州区民政局担任遗产管理人。申请执行人申请变更南通市通州区民政局作为本案被执行人，在遗产范围内承担责任，符合法律规定，应予支持。

律师解析

《最高人民法院关于民事执行中变更、追加当事人若干问题的规定》（2020年修正）第十条第一款规定："作为被执行人的自然人死亡或被宣告死亡，申请执行人申请变更、追加该自然人的遗产管理人、继承人、受遗赠人或其他因该自然人死亡或被宣告死亡取得遗产的主体为被执行人，在遗产范围内承担责任的，人民法院应予支持。"《民法典》第一千一百四十五条规定："继承开始后，遗嘱执行人为遗产管理人；没有遗嘱执行人的，继承人应当及时推选遗产管理人；继承人未推选的，由继承人共同担任遗产管理人；没有继承人或者继承人均放弃继承的，由被继承人生前住所地的民政部门或者村民委员会担任遗产管理人。"第一千一百四十七条规定："遗产管理人应当履行下列职责：（一）清理遗产并制作遗产清单；（二）向继承人报告遗产情况；（三）采取必要措施防止遗产毁损、灭失；（四）处理被继承人的债权债务；（五）按照遗嘱或者依照法律规定分割遗产；（六）实施与管理遗产有关的其他必要行为。"

前述法律规定明确：执行依据所确定的债务人死亡后，申请执行人可以向法院申请变更债务人的继承人、受遗赠人或继承其遗产的主体为被执行人，在继承遗产范围内承担责任。且《民法典》确立了遗产管理人制度，只要继承开始后，无论如何都存在遗产管理人。即使全部继承人放弃继承或者受遗赠人放弃受遗赠，又无遗嘱执行人的，将由被继承人生前住所地的民政部门或者村民委员会担任遗产管理人。因此，当被执行人的继承人放弃继承遗产或无人继承遗产的，申请执行人可以向法院申请变更被执行人生前住所地的民政部门或村民委员会为被执行人。

结　语

被执行人死亡后且无人继承其遗产的情形，听起来确实容易让债权人看不到债权可继续执行的可能性，但是《民法典》早已指明了方向。如您遇到前述情形，可及时向法院申请变更被执行人的遗产管理人即住所地的民政部门或村民委员会为被执行人。

轮候查封能阻却首封法院以物抵债的执行行为吗？

黄文柳　阙浩博

在执行程序中，被执行人的财产一般情况下应由首先查封该财产的法院依据查封该财产的案件进行处分。在处分不动产中，若首封法院裁定该不动产以物抵债，轮候查封权利人能否阻却法院以物抵债裁定的执行？在实际操作中，又该如何处理呢？下面，笔者将结合相关的案例进行分析解读。

 **案例一**

中国江苏某集团有限公司、孟某飞与曹某、通大风房地产投资发展有限公司等合资、合作开发房地产合同纠纷执行裁定书

江苏省高级人民法院（2016）苏执异 4 号

【案情简介】

江苏高院在执行申请执行人孟某飞与被执行人南通大风房地产投资发展有限公司（以下简称大风公司）、上海某业房地产开发经营有限公司（以下简称某业公司）、曹某合作开发房地产合同纠纷一案中，于 2014 年 12 月 3 日依法查封了被执行人大风公司名下南通市港闸区苏通国用（2010）第 0208010 号土地使用权，后对该土地使用权在人民法院淘宝网司法拍卖网络平台上进行了三次公开拍卖，均因无人报名竞买而流拍。经申请执行人孟某飞申请，江苏高院作出（2014）苏执字第 00017-13 号执行裁定，裁定将土地使用权以第三次拍卖保留价 5667.2064 万元抵偿给申请执行人孟某飞所有。

中国江苏某集团有限公司（以下简称大江公司）因与大风公司建设工程合同纠纷，向南通仲裁委员会申请财产保全，南通中院于 2015 年 9 月 6 日作出 (2015) 通中仲保字第 00023 号民事裁定，轮候查封被执行人大风公司名下南通市港闸区苏通国用 (2010) 第 0208010 号土地使用权。大江公司提出执行异议，主张要求终止执行。

● 法院认为：

尽管大江公司向本院提交了《案外人执行异议申请书》，且请求停止对大风公司案涉土地使用权的执行，但其异议本质上为执行行为异议而非案外人异议，本案应当依据《民事诉讼法》第二百二十五条的相关规定进行审查。《执行异议和复议规定》第五条第一款第（一）项规定：当事人以外的公民、法人和其他组织认为人民法院的执行行为妨碍其轮候查封、扣押、冻结的债权受偿的，可以作为利害关系人提出执行行为异议。《执行异议和复议规定》第七条第一款第（一）项规定：当事人、利害关系人认为执行过程中执行法院查封、扣押、冻结、拍卖、变卖、以物抵债、暂缓执行、中止执行、终结执行等执行措施违法，提出异议的，人民法院应当依照《民事诉讼法》第二百二十五条规定进行审查。故大江公司作为轮候查封权利人对执行法院以物抵债裁定提出的异议属于执行行为异议。

大江公司作为轮候查封权利人主张阻却本院以物抵债裁定的执行没有法律依据。《最高人民法院关于查封法院全部处分标的物后轮候查封的效力问题的批复》规定："根据《最高人民法院关于人民法院民事执行中查封、扣押、冻结财产的规定》（法释〔2004〕15 号）第二十八条第一款的规定，轮候查封、扣押、冻结自在先的查封、扣押、冻结解除时自动生效，故人民法院对已查封、扣押、冻结的全部财产进行处分后，该财产上的轮候查封自始未产生查封、扣押、冻结的效力。同时，根据上述司法解释第三十条的规定，人民法院对已查封、扣押、冻结的财产进行拍卖、变卖或抵债的，原查封、扣押、冻结的效力消灭，人民法院无需先行解除该财产上的查封、扣押、冻结，可直接进行处分，有关单位应当协助办理有关财产权证照转移手续。"本案中，本院于 2014 年 12 月 3 日对大风公司案涉土地使用权予以首封，后大江公司于 2015 年 8 月 31 日向南通仲裁委员会申请仲裁并申请查封大风公司资产，南通中院据此于 2015 年 9 月 7 日轮候查封了大风公司上述土地使用权。在本院已经评估、拍卖且于 2015 年 9 月 25 日作出以物抵债裁定的情况下，案涉土地使用权已经处置完毕，轮候查封均失去法律效力，大江公司作为轮候查封权利人主张停止本院以物抵债裁定的执行没有法律依据。

樊某天、赵某平与咸阳鼎某房地产开发有限公司、姚某林、贾某某借款合同纠纷执行裁定书

陕西省西安市中级人民法院（2019）陕 01 执异 1063 号

【案情简介】

2015 年 6 月 9 日，咸阳市秦都区人民法院在樊某天诉咸阳鼎某房地产开发有限公司、陕西兴某置业有限公司民间借贷纠纷一案中作出（2015）秦民初字第 01553 号公告，查封了咸阳鼎某房地产开发有限公司某小区房屋共计 33 套，及咸国用（2014）165 号土地使用权，该次查封为位居第五的轮候查封。

陕西省西安市中级人民法院（以下简称西安中院）在执行赵某平与咸阳鼎某房地产开发有限公司、姚某林、贾某某民间借贷纠纷一案中，赵某平与咸阳鼎某房地产开发有限公司、贾某某、姚某林达成执行和解协议，约定将被执行人咸阳鼎某房地产开发有限公司名下已保全查封的 39 套房产以 13165335 元抵偿所欠赵某平的全部债务。西安中院于 2016 年 8 月 15 日作出（2016）陕 01 执 1135 之一执行裁定书，裁定将被执行人咸阳鼎某房地产开发有限公司名下某小区的 39 套房产，交付申请执行人赵某平抵偿咸阳鼎某房地产开发有限公司、姚某林、贾某某所欠赵某平的债务 13165335 元。

樊某天对西安中院的以物抵债执行行为不服，向西安中院提出执行异议。

● **法院认为：**

樊某天作为利害关系人，认为本院以物抵债的执行行为违法，损害了其在先因诉讼保全享有的权利。经查，虽然咸阳市秦都区人民法院对涉案土地的查封在本院以物抵债之前，但该查封为轮候查封，即查封时并不产生查封的法律效力。本案审查中，涉案土地上的全部查封，包括咸阳市秦都区人民法院作出的轮候查封均已解封，故本院以物抵债的执行行为并不违法，樊某天的异议理由不能成立，其异议请求依法不予支持。

▣ 律师解析

《民事诉讼法》（2021年修正）第二百三十二条、第二百三十四条规定，执行异议分为对执行行为的异议和对执行标的的异议。对首封法院通过以物抵债的方式处置被执行人财产提出异议针对的是以物抵债的这一执行行为，并未对执行标的主张权利，属于对执行行为的异议。根据《最高人民法院关于适用〈中华人民共和国民事诉讼法〉执行程序若干问题的解释》（2020年修正）第九条第一款的规定，执行异议审查和复议期间，不停止执行。

《最高人民法院关于查封法院全部处分标的物后轮候查封的效力问题的批复》《最高人民法院关于人民法院民事执行中查封、扣押、冻结财产的规定》（2020年修正）第二十六条第一款规定，轮候查封实际并未发生法律效力，只有在正式查封的效力解除后，轮候查封方才按照顺位转化为正式查封，具有查封法律效力。同时，上述规定第二十七条第二款阐明，执行标的经裁定以物抵债后，查封自动解除，但此时标的物已不属于执行标的，顺位的轮候查封无法再对其产生查封效力，故该轮候查封自始未生效。

故轮候查封权利人无法以有轮候查封为由阻却首封法院以物抵债裁定的执行。

那么轮候查封的债权人该如何保障自己的合法利益呢？

根据《民事诉讼法解释》（2022年修正）第五百零六条的规定，轮候查封的债权人可以向法院申请参与分配。对于执行标的的用于以物抵债却有多个债权人的情况，应根据《最高人民法院关于人民法院执行工作若干问题的规定（试行）》（2020年修正）第五十五条的规定进行受偿。首先应由有优先受偿权的债权人进行受偿，如抵债财产价值（流拍保留价或变卖价）低于或等于优先受偿债权金额，则优先受偿权人不必补交差额，该财产执行完毕；如抵债财产价值高于优先受偿权金额，则优先受偿权人需补交相应差额，由其他后序顺位债权人依法分配受偿。在均为普通债权人的情况下，可协商由其一债权人接受标的物进行抵债，并补交抵债标的超出经计算后该债权人依法分配可受清偿债权的款项，其他债权人再对该款项进行分配。

轮候查封的权利人虽然不能阻却首封法院以物抵债的执行，但仍能通过其他方式争取相应的合法权益，具体采取怎么样的措施维护权益需结合案件的情况进行研判确定。

相关规定

《最高人民法院关于首先查封法院与优先债权执行法院处分查封财产有关问题的批复》

第一条　执行过程中，应当由首先查封、扣押、冻结（以下简称查封）法院负责处分查封财产。

《中华人民共和国民事诉讼法》（2021年修正）

第二百三十二条　当事人、利害关系人认为执行行为违反法律规定的，可以向负责执行的人民法院提出书面异议。当事人、利害关系人提出书面异议的，人民法院应当自收到书面异议之日起十五日内审查，理由成立的，裁定撤销或者改正；理由不成立的，裁定驳回。当事人、利害关系人对裁定不服的，可以自裁定送达之日起十日内向上一级人民法院申请复议。

第二百三十四条　执行过程中，案外人对执行标的提出书面异议的，人民法院应当自收到书面异议之日起十五日内审查，理由成立的，裁定中止对该标的的执行；理由不成立的，裁定驳回。案外人、当事人对裁定不服，认为原判决、裁定错误的，依照审判监督程序办理；与原判决、裁定无关的，可以自裁定送达之日起十五日内向人民法院提起诉讼。

《最高人民法院关于适用〈中华人民共和国民事诉讼法〉执行程序若干问题的解释》（2020年修正）

第九条第一款　执行异议审查和复议期间，不停止执行。

《最高人民法院关于查封法院全部处分标的物后轮候查封的效力问题的批复》

根据《最高人民法院关于人民法院民事执行中查封、扣押、冻结财产的规定》（法释〔2004〕15号）第二十八条第一款的规定，轮候查封、扣押、冻结自在先的查封、扣押、冻结解除时自动生效，故人民法院对已查封、扣押、冻结的全部财产进行处分后，该财产上的轮候查封自始未产生查封、扣押、冻结的效力。同时，根据上述司法解释第三十条的规定，人民法院对已查封、扣押、冻结的财产进行拍卖、变卖或抵债的，原查封、扣押、冻结的效力消灭，人民法院无需先行解除该财产上的查封、扣押、冻结，可直接进行处分，有关单位应当协助办理有关财产权证照转移手续。

《最高人民法院关于人民法院民事执行中查封、扣押、冻结财产的规定》（2020年修正）

第二十六条第一款　对已被人民法院查封、扣押、冻结的财产，其他人民法院可以进行轮候查封、扣押、冻结。查封、扣押、冻结解除的，登记在先的轮候查封、扣押、冻结即自动生效。

第二十七条第二款　查封、扣押、冻结的财产已经被执行拍卖、变卖或者抵债的，查封、扣押、冻结的效力消灭。

《最高人民法院关于适用〈中华人民共和国民事诉讼法〉的解释》（2022年修正）

第五百零六条　被执行人为公民或者其他组织，在执行程序开始后，被执行人的其他已经取得执行依据的债权人发现被执行人的财产不能清偿所有债权的，可以向人民法院申请参与分配。

对人民法院查封、扣押、冻结的财产有优先权、担保物权的债权人，可以直接申请参与分配，主张优先受偿权。

《最高人民法院关于人民法院执行工作若干问题的规定（试行）》（2020年修正）

第五十五条　多份生效法律文书确定金钱给付内容的多个债权人分别对

同一被执行人申请执行，各债权人对执行标的物均无担保物权的，按照执行法院采取执行措施的先后顺序受偿。

多个债权人的债权种类不同的，基于所有权和担保物权而享有的债权，优先于金钱债权受偿。有多个担保物权的，按照各担保物权成立的先后顺序清偿。

一份生效法律文书确定金钱给付内容的多个债权人对同一被执行人申请执行，执行的财产不足清偿全部债务的，各债权人对执行标的物均无担保物权的，按照各债权比例受偿。

执行程序中的司法审计

黄文柳　阙浩博

民事执行程序中的司法审计（以下简称执行审计），是指人民法院在民事强制执行活动中，依法委托审计机构，运用审计方法，对被执行人的资产、负债、所有者权益等进行强制审查，调查被执行人财产线索，认定被执行人履行义务能力的措施。

实践证明，执行审计是一种非常高效的财产调查方法。其通过对相关的账本、会计凭证等资料进行审核，在证据确凿、查清楚事实的基础之上，出具审计鉴定报告。它服务于司法活动，不同于一般的审计。就执行程序而言，执行法院通过司法审计手段，可以更好地判断出被执行人是否存在隐匿、转移财产、投资不足、抽逃资金，以及其他逃避债务的行为，从而查出其可供执行的财产。

司法审计在执行程序中的广泛运用，离不开背后法律法规的支持。《最高人民法院关于民事执行中财产调查若干问题的规定》（2020 年修正）（以下简称《财产调查规定》）第十七条至第二十条对于执行程序中的司法审计程序作了明确规定。最高人民法院 2020 年 8 月 28 日发布的《对十三届全国人大三次会议第 6354 号建议的答复》也对在执行程序中运用司法审计予以肯定。

那么，如何在执行程序中启动司法审计程序？

根据《财产调查规定》第十七条的规定，执行程序中法院可依申请执行人申请启动对被执行人的司法审计程序，在申请的过程中，应当注意如下问题：

1. 司法审计程序由法院根据具体情况作出决定书确认是否启动

司法审计活动属于法院调查权范围，涉及会计学、审计学、法律等多个领域。虽然法院会将审计的事情交予专业的审计机构处理，但进行司法审计活动需要会计凭证、会计账簿、财务会计报告等与审计事项有关的多项资料，这些材料只能由法院进行搜集，同时还可能涉及审计材料可能被篡改和由此引发的其他法律关系，故对于申请执行人的审计请求，法院会根据申请执行人所依据的事实和理由，结合案件的执行情况，对于有必要性且有可行性的案件才会决定进行司法审计，并非只要申请执行人申请法院就必须进行。

2. 对于法院作出的司法审计决定，被执行人可以提出执行异议

法院作出司法审计决定属于执行行为的一种，根据《民事诉讼法》（2021年修正）第二百三十二条的规定，被执行人可以提出执行异议。

3. 审计费用的承担

法院决定对被执行人进行司法审计后，由申请执行人先预交审计费用，但该费用最终并非当然地由被执行人承担。在司法审计结果出来后，如被执行人存在拒绝报告或虚假报告财产情况，隐匿、转移财产或者其他逃避债务情形的，则审计费用由被执行人承担；但若被执行人无上述行为，而是确实无可供执行的财产，则审计费用由申请执行人承担。

4. 法院不予进行司法审计的救济

司法审计属于法院调查权的范畴，目前法律未有明确规定对于法院作出的不予进行司法审计决定的救济程序，但参考《中华人民共和国审计法》中对于审计决定可以提出复议以及《民事诉讼法》中可对法院的罚款决定书等提出复议的有关规定，对于法院作出的不予进行司法审计决定，可以向上级法院申请复议。此外，法院作出不予进行司法审计的决定，同样属于法院执行行为的一种，可以通过提出执行异议进行救济。

实践中，司法审计的效果究竟如何？

案例一

苍南法院在申请执行人谢某与被执行人浙江某建设劳务有限公司合同纠纷执行一案中，通过网络执行查控系统及登门临柜等方式未发现被执行人有可供执行的财产。申请执行人认为被执行人在外享有应收债权，具有履行能

力，遂向苍南法院提交了关于对被执行人进行司法审计的申请。

2019 年 5 月 30 日，苍南法院作出《委托审计决定书》，向被执行人发出《提交审计材料通知书》及《审计决定书》，要求被执行人提供审计所必需的财务证明，并载明了拒不提交、逾期未提交材料的法律后果。被执行人公司签收后，逾期未提交相关审计财务资料，苍南法院依法对被执行人法定代表人采取强制措施，并对被执行人办公场所进行搜查，现场查获部分财务资料。审计公司依据现有财务资料查明，被执行人实物资产应包含两台挖掘机及两台工程车。苍南法院将被执行人法定代表人涉嫌拒不执行判决、裁定罪移送公安侦查。迫于审计及拒执移送的巨大威慑力，被执行人经第三方与申请执行人在 2019 年 11 月 26 日达成执行和解，本案由第三方代被执行人偿还本金 266 万元，剩余款项申请执行人自愿放弃，该案执行完毕。

瑞安法院在立案执行申请执行人某资产管理公司与被执行人瑞安市某水产冷冻有限公司、李某某等金融借款合同纠纷一案过程中，经过详尽财产调查，未发现被执行人有财产可供执行。为了核实被执行公司名下资产及负债状况，避免企业法人及股东利用公款私存、抽逃注册资本、违规担保等滥用公司有限责任的方式来逃避执行，瑞安法院对该水产冷冻有限公司进行执行审计，并根据审计结果来决定是否追究股东责任。

经审计，发现该水产冷冻有限公司的各股东虽然均履行了出资义务，但在应收账款部分，因无法提供具体客户信息、合法的入账凭证和债权结算凭据，导致应收账款的真实性无法核实，存在无法收回可能。瑞安法院遂责令其尽快核实未回收账款的情形，并依法将该部分款项尽快催回，用于解决债务。

结 语

"老赖"为规避法院执行，"偷梁换柱""金蝉脱壳"等转移财产手段层出不穷，司法审计作为执行程序的一把利剑，可以劈开"讨债"路上的障眼荆棘，更为准确地找寻到被执行人的可供执行财产，识破被执行人的诡计，最大限度地保障委托人的合法权益。

相关规定

《中华人民共和国民事诉讼法》（2021年修正）

第二百三十二条　当事人、利害关系人认为执行行为违反法律规定的，可以向负责执行的人民法院提出书面异议。当事人、利害关系人提出书面异议的，人民法院应当自收到书面异议之日起十五日内审查，理由成立的，裁定撤销或者改正；理由不成立的，裁定驳回。当事人、利害关系人对裁定不服的，可以自裁定送达之日起十日内向上一级人民法院申请复议。

《最高人民法院关于民事执行中财产调查若干问题的规定》（2020年修正）

第十二条　被执行人未按执行通知履行生效法律文书确定的义务，人民法院有权通过网络执行查控系统、现场调查等方式向被执行人、有关单位或个人调查被执行人的身份信息和财产信息，有关单位和个人应当依法协助办理。

人民法院对调查所需资料可以复制、打印、抄录、拍照或以其他方式进行提取、留存。

申请执行人申请查询人民法院调查的财产信息的，人民法院可以根据案件需要决定是否准许。申请执行人及其代理人对查询过程中知悉的信息应当保密。

第十四条　被执行人隐匿财产、会计账簿等资料拒不交出的，人民法院可以依法采取搜查措施。

人民法院依法搜查时，对被执行人可能隐匿财产或者资料的处所、箱柜等，经责令被执行人开启而拒不配合的，可以强制开启。

第十七条　作为被执行人的法人或非法人组织不履行生效法律文书确定的义务，申请执行人认为其有拒绝报告、虚假报告财产情况，隐匿、转移财产等逃避债务情形或者其股东、出资人有出资不实、抽逃出资等情形的，可以书面申请人民法院委托审计机构对该被执行人进行审计。人民法院应当自收到书面申请之日起十日内决定是否准许。

第十八条　人民法院决定审计的，应当随机确定具备资格的审计机构，并责令被执行人提交会计凭证、会计账簿、财务会计报告等与审计事项有关的资料。

被执行人隐匿审计资料的，人民法院可以依法采取搜查措施。

第十九条　被执行人拒不提供、转移、隐匿、伪造、篡改、毁弃审计资料，阻挠审计人员查看业务现场或者有其他妨碍审计调查行为的，人民法院可以根据情节轻重对被执行人或其主要负责人、直接责任人员予以罚款、拘留；构成犯罪的，依法追究刑事责任。

第二十条　审计费用由提出审计申请的申请执行人预交。被执行人存在拒绝报告或虚假报告财产情况，隐匿、转移财产或者其他逃避债务情形的，审计费用由被执行人承担；未发现被执行人存在上述情形的，审计费用由申请执行人承担。

———◇ 第五章 ◇———

那些看似不能执行的财产

隐形关联账户

黄文柳 廖可军

本文主要讲解如何执行被执行人的关联账户，扭转被执行人名下无可供执行财产的困境。

 模拟场景

地 点：万益律所洽谈室

人 物：张小甲、广西万益律师事务所案件执行部赵律师

张小甲：赵律师您好，经法院判决，被执行人应向我支付欠款 500 万元及相应利息。但被执行人将存款存放在另外公司名下的银行账户，以其他公司的账户作为收支账户。这样的案件该如何执行是好？

赵律师：张先生，感谢您对广西万益律师事务所案件执行部的信任，对付这个问题执行律师有妙招，我们先来看看下面这个类似案例。

【案情简介】

春泉公司与顺城政府签订《借用资金协议书》，确定以顺新公司的名义开设银行账户接受顺城政府借款，后因春泉公司与他人产生债务纠纷，法院将该以顺新公司名义开设的账户内存款查封，顺新公司以自己是账户的所有权人为名向法院提起执行异议，经过了执行异议、执行异议之诉一审、二审后，顺新公司的主张被辽宁省高院驳回，顺新公司不服二审判决，向最高法院申请再审。

● **法院认为：**

根据案情及法律规定，顺新公司的申请再审事由不能成立，理由如下：

根据最高法相关司法解释规定，对案外人提起的执行异议之诉，法院经审理，按照下列情形分别处理：（1）案外人就执行标的享有足以排除强制执行的民事权益的，判决不得执行该执行标的；（2）案外人就执行标的不享有足以排除强制执行的民事权益的，判决驳回诉讼请求。

原审判决驳回顺新公司的诉讼请求合法有据。一方面，涉案账户的权利人应认定为春泉公司。根据本案事实，涉案账户是依据春泉公司与顺城政府之间《借用资金协议书》关于资金出借、监管的约定而由顺新公司设立的，账户内资金除来源于春泉公司向顺城政府借款 3300 万元外，另有春泉公司售房款、物业费等收入 29028539.31 元，而上述资金收入总额 62067571.27 元，无论是向政府借款还是经营收入，均属春泉公司所有。该账户支出的 4500 万元系收款方春泉公司开发的卧龙湾小区项目的施工企业和材料供应商等，亦属于春泉公司经营支出。根据涉案账户的设立、使用及资金收支情况，应认定春泉公司为权利人。在此情况下，顺新公司仅以涉案账户登记在其名下为由主张其为该账户权利人，与事实不符，其主张不应支持，原审判决认定事实和适用法律并无不当。另一方面，顺新公司没有证据证明其对账户内资金享有排除执行的合法权益。涉案《借用资金协议书》虽约定："春泉公司所有收入必须存入顺城政府指定的账户，顺城政府扣除春泉公司应承担借款本息后剩余部分归还春泉公司。"但顺新公司没有证据证明涉案账户为指定还款账户或者账户内资金为春泉公司偿还顺城政府的借款。即使账户确为指定还款账户，因春泉公司作为企业法人应以其全部资产对其债权人承担偿还欠款的责任，上述约定既损害了春泉公司其他债权人的合法权益，也不能以此对抗春泉公司的其他具有同等地位的债权人。

🔲 **律师解析**

当被执行人将自己的存款存放在他人名下银行账户，以该他人账户作为收支账户，如果该账户资金能够特定化，能够与该账户所有人的其他资金相区分，则可以执行，反之则不能。

根据《执行异议和复议规定》第二十五条的规定，银行存款和存管在金融机构的有价证券，按照金融机构和登记结算机构登记的账户名称判断；有价证券由具备合法经营资质的托管机构名义持有的，按照该机构登记的实际出资人账户名称判断。但上述规定是针对执行程序中当事人提出异议时的处理规定，执行异议之诉需对执行标的权利作出综合判断和实体审查，而不能直接适用《执行异议和复议规定》。

一般来讲，货币作为特殊的种类物，"占有即所有"是其基本原则，但是在账户中的资金已经特定化，货币未与账户所有人的其他财产混同，能够区分的情况下，则不能简单地适用该原则，需要根据具体情况判断账户资金的权属。

关联公司

黄文柳　吴俞霞

对于被执行人系公司的案件，往往进入执行程序后发现公司本身无财产可供执行，但是与该公司关联的其他公司或控股股东却依然"荷包鼓鼓"。此时，债权人就只能望洋兴叹吗？

地　点：万益律所洽谈室

人　物：张小甲、广西万益律师事务所案件执行部赵律师

张小甲：赵律师您好，经法院判决，被执行人蓝宝公司应向我司支付货款及利息共计 2521 万元。经法院查控，被执行人无可供执行财产。但是据我们多方了解得知，被执行人控股的星旅公司名下有诸多财产，且被执行人及星旅公司的法定代表人均为周某，周某本人名下亦有很多资产。我们想知道在这种情况下，我公司能申请追加星旅公司及周某承担清偿责任吗？

赵律师：张先生，感谢您对广西万益律师事务所案件执行部的信任，对您遇到的这个困境，万益执行律师有妙招，我们看下类似案例。

【案情简介】

博雅公司与乐学公司买卖合同纠纷一案，法院判决乐学公司应当向博雅公司支付货款 770 万元及利息。后乐学公司未按照生效判决书履行，案件进入执行程序。但经法院查控，发现乐学公司名下无可供执行的财产。经调查发现，乐学公司的股权占比情况为张某三占股 88.8%、宋某乔占股 11.2%。乐学公司又全资设立了文探公司，张某三系乐学公司与文探公司的法定代表人。乐学公司与博雅公司诉讼期间，乐学公司以往来款为由转了一笔 886 万元款项至文探公司账户。后博雅公司以乐学公司、文探公司存在财产混同、人员混同、恶意转移财产等为由向法院申请追加文探公司及张某三为被执行人。后文探公司以其与乐学公司存在正常交易为由提出执行异议，张某三以其仅是乐学公司的股东，且已缴纳完毕出资额，依《中华人民共和国公司法》规定，股东仅以出资额为限对公司承担有限责任为由提出执行异议。经过了执行异议，执行异议之诉一审、二审后，法院裁定追加文探公司在无偿接受的财产范围内对乐学公司的债务承担连带责任，驳回了追加张某三为被执行人的请求。

● 法院认为：

关于文探公司被追加为本案的被执行人是否适当。企业法人的财产既是企业从事经营活动的物质基础，也是其对外承担民事责任的一般担保。如果企业法人无偿转让资产，必然对企业债权人的利益产生重大不利影响。虽然法律规定撤销权制度可以在一定程度上保护债权人的利益，但是在债务人无偿转让财产导致企业资产被掏空，且间隔时间较长，导致债权人不便通过撤销权之诉保护自己合法权益的前提下，债权人要求无偿接受财产的关联公司在其接受财产范围内承担相应责任，符合最高人民法院在执行程序中追加当事人等有关司法解释的立法目的。

《中华人民共和国公司法》第二百一十六条规定："关联关系，是指公司控股股东、实际控制人、董事、监事、高级管理人员与其直接或间接控制的企业之间的关系，以及可能导致公司利益转移的其他关系。"本案中，乐学公司系文探公司的控股股东，且两公司法定代表人均系张某三，两公司系关联公司。文探公司未能提供有效证据证实其接受乐学公司的 886 万元有合法理由，其接受行为属于无偿接受。且文探公司是在博雅公司与乐学公司买卖合同纠纷诉讼期间，明知乐学公司存在败诉风险情形下接受的，客观上造成乐学公司偿债能力降低，无法对外承担民事责任，属于恶意转移财产。依据《最高人民法院关于依法制裁规避执行行为的若干意见》第二十条规定："有充分证据证明被执行人通过离婚析产、不依法清算、改制重组、关联交易、财产混同等方式恶意转移财产规避执行的，执行法院可以通过依法变更追加被执行人或者告知申请执行人通过诉讼程序追回被转移的财产。" 文探公司作为无偿接受人应当在接受财产范围内承担相应责任。

关于追加张某三作为本案被执行人是否适当。在执行程序中直接追加案件之外第三人为被执行人应当严格依照现行法律和司法解释的规定，必须具有充分的事实与法律依据。《最高人民法院关于民事执行中变更、追加当事人若干问题的规定》第二十二条规定："作为被执行人的法人或非法人组织，被注销或出现被吊销营业执照、被撤销、被责令关闭、歇业等解散事由后，其股东、出资人或主管部门无偿接受其财产，致使该被执行人无遗留财产或遗留财产不足以清偿债务，申请执行人申请变更、追加该股东、出资人或主管部门为被执行人，在接受的财产范围内承担责任的，人民法院应予支持。" 本案中，申请执行人博雅公司未能提供证据证实乐学公司的股东张某三无偿接受了其财产，即使有证据证实张某三与乐学公司之间存在财产混同，但该种情形不是法律和司法解释规定可以在执行程序中追加股东为被执行人的法定理由。如果确实存在财产混同行为，可以通过另行起诉解决。

▶ 律师解析

可以通过追加被执行人或者通过另行诉讼的方式实现对被执行人关联公司或者控股股东的资产进行强制执行的目的。

在执行程序中追加被执行人，意味着直接通过执行程序确定由生效法律文书列明的被执行人以外的人承担实体责任，对各方当事人的实体和程序权利将产生极大影响。追加被执行人须遵循法定注意原则，即应当限于法律和司法解释明确规定的追加范围。

因此，对于被执行人通过离婚析产、不依法清算、改制重组、关联交易、财产混同等方式恶意转移财产规避执行的，或公司控股股东滥用公司法人独立地位和股东有限责任，逃避债务、转移风险、违背诚实信用原则和公平原则侵害债权人利益等情形，若法律和司法解释没有规定可以在执行程序中追加公司控股股东或关联公司为被执行人的，则可通过另行诉讼的方式提起法人人格否定之诉来解决问题。

相关规定

《中华人民共和国公司法》

第二百一十六条　关联关系，是指公司控股股东、实际控制人、董事、监事、高级管理人员与其直接或间接控制的企业之间的关系，以及可能导致公司利益转移的其他关系。但是，国家控股的企业之间不仅因为同受国家控股而具有关联关系。

《最高人民法院关于依法制裁规定执行行为的若干意见》

第二十条　依法变更追加被执行主体或者告知申请人另行起诉。有充分证据证明被执行人通过离婚析产、不依法清算、改制重组、关联交易、财产混同等方式恶意转移财产规避执行的，执行法院可以通过依法变更追加被执行人或者告知申请执行人通过诉讼程序追回被转移的财产。

《最高人民法院关于民事执行中变更、追加当事人若干问题的规定》
（2020 年修正）

第二十二条　作为被执行人的法人或非法人组织，被注销或出现被吊销营业执照、被撤销、被责令关闭、歇业等解散事由后，其股东、出资人或主管部门无偿接受其财产，致使该被执行人无遗留财产或遗留财产不足以清偿债务，申请执行人申请变更、追加该股东、出资人或主管部门为被执行人，在接受的财产范围内承担责任的，人民法院应予支持。

特许经营权

黄文柳　阙浩博

无法找到被执行人的可供执行财产？案件立案执行后只能坐等终本？我们给大家带来执行程序中较为"稀有"的可供执行财产——"特许经营权"的执行攻略，助您走出被执行人名下无可供执行财产的困境。

 模拟场景

地　点：万益律所洽谈室

人　物：张小甲、广西万益律师事务所案件执行部赵律师

张小甲：赵律师您好，经法院判决，被执行人新展矿业公司应向我司支付欠款1000万元及相应利息，判决生效后新展矿业公司未如期履行判决义务，我只能向法院申请强制执行，但法院查控后却未发现可供执行的财产，需要我司提供新展矿业公司的财产线索。这样的案件该如何执行是好？

赵律师：张小甲先生，感谢您对广西万益律师事务所案件执行部的信任，对于这个问题，万益律师有妙招，我们先看下面这个案例。

【案情简介】

华庭公司与展鑫公司建设工程合同纠纷一案，某A法院判决展鑫公司向华庭公司支付工程款5000万元，判决生效后，因展鑫公司未履行还款义务，华庭公司向某A法院申请强制执行。在执行中，某A法院经查控发现展鑫公司涉及诸多债务，其名下无其他可供执行的财产线索。后经调查发现，展鑫

公司拥有云南某市铁矿的探矿权，因展鑫公司屡屡故意逃避执行，华庭公司遂向某 A 法院申请强制执行该探矿权，某 A 法院通过与多方的协调和努力，最终该探矿权被成功拍卖，包括华庭公司在内的多个债权人的债权得到了清偿。

▶ 律师解析

一、执行特许经营权的依据是什么

特许经营权是指有授权的民事主体授予的个人或企业在特定区域、时期以规定的方式进行经营活动的权利。它是从事某一特殊活动的资格，权利人可通过特许经营权获取经营利益，故该权利具有财产属性，本质上属于无形的财产权。就上述案例来说，展鑫公司所有的探矿权使其可以在云南某市从事矿石勘探作业，而根据《中华人民共和国矿产资源法实施细则》第十六条的规定，探矿权人可以优先取得勘查作业区内矿产资源的采矿权，可以自行销售勘查中按照批准的工程设计施工回收的矿产品，展鑫公司可以依据该特许经营权实现盈利。根据《最高人民法院关于民事执行中财产调查若干问题的规定》第五条第一款及《民事诉讼法》（2017 年修正）第二百四十二条的规定，特许经营权作为财产性权利的一种，法院自然可以对其采取强制执行措施。

二、特许经营权如何强制执行

目前实务上对于特许经营权的执行，法院大多是采取拍卖的形式。这是由于被执行人往往同时涉及多个案件，将特许经营权变现，可以更好地解决被执行人所涉的案件纠纷。同时，特许经营权对受让主体有一定的要求，以上述探矿权案件为例，根据《探矿权采矿权转让管理办法》第三条和第七条，即便被执行人同意将该探矿权交予申请执行人使用以抵偿债务，或法院向相关机构发送协助执行书办理转让手续，申请执行人是否能受让该探矿权，最终仍需要经过相关主管机关审批后确认，而申请执行人通常是不具备受让采矿权的条件的。故法院通常采取拍卖的形式对特许经营权予以处置，通过将特许经营权转让给有资格受让的主体，获得拍卖款后再清偿被执行人的债务，从而成功解决案件纠纷。

三、常见的特许经营权

特许经营权是一个概括性的称呼，具体到实际，常见的特许经营权有成

品油零售经营权、污水处理权、探矿权、采矿权、天然气经营权、高速公路经营权、广告投放权等。

结　语

特许经营权作为一项有重大价值的财产性权益，大家在处理执行案件过程中应当多予留意，深挖不同行业里不同的特许经营权，以早日帮助申请执行人实现其债权利益。

相关规定

《中华人民共和国矿产资源法实施细则》

第十六条　探矿权人享有下列权利：

（一）按照勘查许可证规定的区域、期限、工作对象进行勘查；

（二）在勘查作业区及相邻区域架设供电、供水、通讯管线，但是不得影响或者损害原有的供电、供水设施和通讯管线；

（三）在勘查作业区及相邻区域通行；

（四）根据工程需要临时使用土地；

（五）优先取得勘查作业区内新发现矿种的探矿权；

（六）优先取得勘查作业区内矿产资源的采矿权；

（七）自行销售勘查中按照批准的工程设计施工回收的矿产品，但是国务院规定由指定单位统一收购的矿产品除外。

探矿权人行使前款所列权利时，有关法律、法规规定应当经过批准或者履行其他手续的，应当遵守有关法律、法规的规定。

《最高人民法院关于民事执行中财产调查若干问题的规定》（2020年修正）

第五条第一款　被执行人应当在报告财产令载明的期限内向人民法院书面报告下列财产情况：

（一）收入、银行存款、现金、理财产品、有价证券；

（二）土地使用权、房屋等不动产；

（三）交通运输工具、机器设备、产品、原材料等动产；

（四）债权、股权、投资权益、基金份额、信托受益权、知识产权等财产性权利；

（五）其他应当报告的财产。

《中华人民共和国民事诉讼法》（2017年修正）

第二百四十二条　被执行人未按执行通知履行法律文书确定的义务，人民法院有权向有关单位查询被执行人的存款、债券、股票、基金份额等财产情况。人民法院有权根据不同情形扣押、冻结、划拨、变价被执行人的财产。人民法院查询、扣押、冻结、划拨、变价的财产不得超出被执行人应当履行义务的范围。

人民法院决定扣押、冻结、划拨、变价财产，应当作出裁定，并发出协助执行通知书，有关单位必须办理。

《探矿权采矿权转让管理办法》（2014年修订）

第三条　除按照下列规定可以转让外，探矿权、采矿权不得转让：

（一）探矿权人有权在划定的勘查作业区内进行规定的勘查作业，有权优先取得勘查作业区内矿产资源的采矿权。探矿权人在完成规定的最低勘查投入后，经依法批准，可以将探矿权转让他人。

（二）已经取得采矿权的矿山企业，因企业合并、分立，与他人合资、合作经营，或者因企业资产出售以及有其他变更企业资产产权的情形，需要变更采矿权主体的，经依法批准，可以将采矿权转让他人采矿。

第七条　探矿权或者采矿权转让的受让人，应当符合《矿产资源勘查区块登记管理办法》或者《矿产资源开采登记管理办法》规定的有关探矿权申请人或者采矿权申请人的条件。

知识产权

黄文柳　　吴俞霞

被执行人名下没有动产、不动产、银行存款等常见财产，就束手无策了吗？那可不一定哦！今天，就让我们带您看看如何执行被执行人拥有的专利权、注册商标权、著作权等知识产权。

 模拟场景

地　点： 万益律所洽谈室

人　物： 张小甲、广西万益律师事务所案件执行部赵律师

张小甲： 赵律师您好，经法院生效判决，被执行人天赢公司应向我公司偿还借款本金及利息 300 万元。经法院查控，天赢公司名下均没有可供执行财产，但据我们所知，天赢公司的研究员胡某某是我们行业的技术大牛，他的相关发明在国家知识产权局专利局登记了发明专利申请权，有很高的市场价值。在这种情况下，我公司该如何实现债权呢？

赵律师： 张小甲先生，感谢您对广西万益律师事务所案件执行部的信任，对这个问题执行律师有妙招，我们先来看看下面类似案例。

【案情简介】

辰芒公司与多奇科技公司、巨鲸电子公司借款纠纷一案，法院判决多奇科技公司应当向辰芒公司支付借款本金及利息 500 万元，巨鲸电子公司对多奇科技公司向辰芒公司所负的债务承担连带清偿责任。进入执行程序后，经

查控，多奇科技公司、巨鲸电子公司名下无可供执行的财产。万益律师经调查发现，多奇科技公司、巨鲸电子公司在国家知识产权局专利局登记了发明专利申请权，遂申请法院冻结了该专利申请权。后多奇科技公司提起执行异议，认为案涉专利申请权未获得授权成为专利权，不应冻结执行。法院依据《执行工作规定（试行）》（2020年修正）第三十五条以及《人民法院办理执行案件规范》第五百八十一条等相关规定，认为专利申请权属于专利申请人的一项财产权利，可以作为人民法院财产保全的对象，依法驳回了多奇科技公司的异议，并对该专利申请权进行了评估拍卖，最终实现了辰芒公司的债权。

律师解析

执行程序中，对于被执行人的知识产权如专利权、注册商标权、著作权的财产权部分等往往被忽视，而知识产权作为法律规定的物权客体，附着了财产利益，是可以成为执行标的物的。

一、可以申请执行的知识产权

（1）专利权、专利申请权：发明、实用新型、外观设计；

（2）注册商标权专用权；

（3）著作权的财产权部分：如复制权、发行权、出租权、展览权、表演权、放映权、广播权、信息网络传播权、摄制权、改编权、翻译权、汇编权等。

二、限制期限

专利权、商标权、著作权的财产权部分冻结期限不得超过三年，冻结期满前可申请延期。

三、执行措施

保全或在执行程序中申请冻结后，被执行人不得办理财产转移手续，必要时可要求被执行人将产权或使用权证照交人民法院保存。

四、存在质押担保或独占许可时的执行

对于出质的专利权或与被许可人签订独占实施许可的，人民法院可以采取冻结措施，拍卖、变卖时，不影响出质人的优先受偿权。

五、处置注册商标时一并处置原则

对被执行人某一注册商标权执行时，人民法院应当将该注册商标及其名下相同或类似商品上相同和近似商标一并进行评估、拍卖、变卖等。

结　语

随着国家对知识产权保护力度的加大，各种科学技术、发明、创作等百花齐放，百家争鸣。对于被执行人享有的知识产权的财产权，债权人可以委托律师在国家知识产权局查询被执行人的专利、注册商标、著作权登记情况，及时申请保全或冻结，以实现申请执行的债权利益。

相关规定

《最高人民法院关于人民法院执行工作若干问题的规定（试行）》（2020年修正）

第三十五条　被执行人不履行生效法律文书确定的义务，人民法院有权裁定禁止被执行人转让其专利权、注册商标专用权、著作权（财产权部分）等知识产权。上述权利有登记主管部门的，应当同时向有关部门发出协助执行通知书，要求其不得办理财产权转移手续，必要时可以责令被执行人将产权或使用权证照交人民法院保存。

对前款财产权，可以采取拍卖、变卖等执行措施。

《人民法院办理执行案件规范》

833. 被执行人不履行生效法律文书确定的义务，人民法院有权裁定禁止被执行人转让其专利权、注册商标专用权、著作权（财产权部分）［1233］等知识产权。上述权利有登记主管部门的，应当同时向有关部门发出协助执行通知书，要求其不得办理财产权转移手续，必要时可以责令被执行人将产权或使用权证照交人民法院保存。

对前款财产权，可以采取拍卖、变卖等执行措施。［1234］

834. 人民法院冻结著作权（财产权部分）、专利权、商标权的期限不得超过三年。

申请执行人申请延长期限的，人民法院应当在冻结期限届满前办理续行冻结手续，续行期限不得超过前款规定的期限。

人民法院也可以依职权办理续行查封、扣押、冻结手续。[1235]

835. 人民法院对专利权进行冻结，应当向国务院专利行政部门发出协助执行通知书，载明要求协助执行的事项，以及对专利权冻结的期限，并附人民法院作出的裁定书。[1236]

836. 专利申请权属于专利申请人的一项财产权利，可以作为人民法院冻结的对象。

人民法院根据民事诉讼法有关规定，需要对专利申请权进行冻结的，应当向国务院专利行政部门发出协助执行通知书，载明要求冻结的专利申请的名称、申请人、申请号、保全期限以及协助执行保全的内容，包括禁止变更著录事项、中止审批程序等，并附人民法院作出的冻结裁定书。[1237]

837. 人民法院对出质的专利权可以采取冻结措施，质权人的优先受偿权不受冻结措施的影响；专利权人与被许可人已经签订的独占实施许可合同，不影响人民法院对该专利权进行冻结。[1238]

838. 人民法院对注册商标权进行冻结时，应当向国家知识产权局商标局发出协助执行通知书，载明要求商标局协助保全的注册商标的名称、注册人、注册证号码、保全期限以及协助执行保全的内容，包括禁止转让、注销注册商标、变更注册事项和办理商标权质押登记等事项。[1239]

839. 对被执行人名下某一注册商标权执行时，人民法院应当将该注册商标及其名下相同或者类似商品上相同和近似商标一并进行评估、拍卖、变卖等，并在采取执行措施时，裁定将相同或近似注册商标一并予以执行。

第三人占有物

黄文柳　阙浩博

下面带来执行程序中"第三人占有物"的执行攻略，再来一招"乾坤大挪移"绝学，助您走出执行难的困境。

模拟场景

地　点：万益律所洽谈室

人　物：张小甲、广西万益律师事务所案件执行部赵律师

张小甲：赵律师您好，经法院判决，被执行人碧蓝公司应向我支付工程款 2000 万元及相应利息，进入执行程序后，经法院查控，未发现碧蓝公司名下有可供执行财产，现法官需要我提供碧蓝公司其他有效财产线索。这类案件该如何执行是好？

赵律师：张小甲先生，感谢您对万益律所案件执行部的信任，对于这个问题，万益律师有妙招，我们先来看看类似案例。

【案情简介】

顺林公司与绿佳公司买卖合同纠纷一案，昆明某法院判决绿佳公司向顺林公司支付货款 500 万元，判决生效后，因绿佳公司未如期履行，案件进入执行程序。本案诉讼过程中，经律师代理顺林公司提出申请，某 A 法院已对绿佳公司在海沙公司仓库中储存的 300 吨橡胶采取了财产保全措施。执行过程中，鸿源公司向某 A 法院提出执行异议，称该 300 吨橡胶系其所有。

某 A 法院审理查明，鸿源公司与绿佳公司共同的上级公司指示绿佳公司将储存在海沙公司的 300 吨橡胶交付给鸿源公司，鸿源公司与绿佳公司签订了买卖合同，但鸿源公司并未实际支付货款。海沙公司表示未收到仓储物所有权转移的通知，仓储单据显示绿佳公司是存货人。

最终，某 A 法院裁定驳回鸿源公司的异议，顺林公司顺利实现债权。

▣ 律师解析

一、执行第三人占有的被执行人财产的依据

《最高人民法院关于人民法院民事执行中查封、扣押、冻结财产的规定》（2020 年修正）第十三条规定："对第三人为被执行人的利益占有的被执行人的财产，人民法院可以查封、扣押、冻结；该财产被指定给第三人继续保管的，第三人不得将其交付给被执行人。对第三人为自己的利益依法占有的被执行人的财产，人民法院可以查封、扣押、冻结，第三人可以继续占有和使用该财产，但不得将其交付给被执行人。第三人无偿借用被执行人的财产的，不受前款规定的限制。"

二、执行第三人占有的被执行人财产主要法律要点

1. 被执行人是执行标的物所有权人

执行程序中，可供执行的财产应当仅限于被执行人的财产，实务中，导致产生执行异议的原因往往就是执行标的物权属的争议。就上述案例所述，绿佳公司与鸿源公司想以指示交付的方式转移 300 吨橡胶的所有权，但却未正式告知海沙公司，也未背书仓储单，而仓储单是要求海沙公司返还仓储物的法定物权凭证，也是认定仓储物所有权的唯一凭证。

2. 明确第三人占有权利的来源

依据第三人是否是基于本权而对财产进行占有，可以将占有分为有权占有和无权占有。在无权占有情况下，法院可采取直接的执行措施，责令第三人限期返还。这里主要说明有权占有情况下，法院可执行该财产的情况。

（1）第三人基于履行合同义务占有标的物，法院可执行该标的物。这里指的是履行合同义务就需要占有标的物的情况，标的物的所有权仍属于被执行人。如上述案件中，海沙公司基于合同关系产生保管义务，则基于债权有权占有标的物，但所有权仍归绿佳公司所有，法院自然可以执行。

（2）第三人基于合同权利占有标的物，此时需要根据占有权产生的依据具体分析是否可执行该标的物。如标的物是被执行人卖与第三人的，此时可能有多种情形：

根据法律规定所有权已转移的，法院不能执行该标的物，但第三人尚未付清款项的，此时可以参考执行到期债权的规定责令第三人支付余款。

所有权未转移，第三人只支付了部分价款的，若第三人继续履行合同，则将余款支付到法院；若第三人不继续履行，法院可执行该标的物，第三人再向被执行人主张违约等责任。

所有权未转移，第三人已经支付完全部款项的，法院仍可执行该标的物，但第三人对未能获得所有权无过错的情况下除外。

三、第三人私自处置保管的法院查封、冻结执行标的物的后果

第三人若要对保管的财产主张权利，应当根据《民事诉讼法》（2017年修正）第二百二十七条的规定提出执行异议处理；若未经法院许可，私自处置占有的财产，根据《民事诉讼法》第一百一十一条的规定，将可能被法院罚款、拘留甚至涉嫌犯罪。

四、常见的第三人占有的可供执行标的物

常见的有保管物、租赁物、质押物等。此外，扩大来说第三人代被执行人行使的可获得收益的权利同样属于此范畴。

结　语

强制执行程序是强制被执行人履行其义务，保障申请执行人利益的重要制度，查找被执行人财产线索是解决"执行难"的重要一步。

相关规定

《中华人民共和国民事诉讼法》（2017年修正）

第一百一十一条第三款　诉讼参与人或者其他人有下列行为之一的，人民法院可以根据情节轻重予以罚款、拘留；构成犯罪的，依法追究刑事责任：（三）隐藏、转移、变卖、毁损已被查封、扣押的财产，或者已被清点并责令其保管的财产，转移已被冻结的财产的。

第二百二十七条　执行过程中，案外人对执行标的提出书面异议的，人民法院应当自收到书面异议之日起十五日内审查，理由成立的，裁定中止对该标的的执行；理由不成立的，裁定驳回。案外人、当事人对裁定不服，认为原判决、裁定错误的，依照审判监督程序办理；与原判决、裁定无关的，可以自裁定送达之日起十五日内向人民法院提起诉讼。

《最高人民法院关于人民法院民事执行中查封、扣押、冻结财产的规定》（2020 年修正）

第十三条　对第三人为被执行人的利益占有的被执行人的财产，人民法院可以查封、扣押、冻结；该财产被指定给第三人继续保管的，第三人不得将其交付给被执行人。

对第三人为自己的利益依法占有的被执行人的财产，人民法院可以查封、扣押、冻结，第三人可以继续占有和使用该财产，但不得将其交付给被执行人。

第三人无偿借用被执行人的财产的，不受前款规定的限制。

第十四条　被执行人将其财产出卖给第三人，第三人已经支付部分价款并实际占有该财产，但根据合同约定被执行人保留所有权的，人民法院可以查封、扣押、冻结；第三人要求继续履行合同的，向人民法院交付全部余款后，裁定解除查封、扣押、冻结。

第十五条　被执行人将其所有的需要办理过户登记的财产出卖给第三人，第三人已经支付部分或者全部价款并实际占有该财产，但尚未办理产权过户登记手续的，人民法院可以查封、扣押、冻结；第三人已经支付全部价款并实际占有，但未办理过户登记手续的，如果第三人对此没有过错，人民法院不得查封、扣押、冻结。

网络虚拟财产

黄文柳　阙浩博

互联网时代催生了一批新型产业，一种新的财产类型——"网络虚拟财产"随之而来。今天，广西万益律师事务所案件执行部施展"乾坤大挪移"，助攻您执行"网络虚拟财产"，走出被执行人名下无可供执行财产的困境。

 模拟场景

地　点： 万益律所洽谈室

人　物： 张小甲、广西万益律师事务所案件执行部赵律师

张小甲： 赵律师您好，经法院生效判决，被执行人刘某乙应向我偿还 100 万元欠款及相应利息，进入执行程序后，法院查控未发现刘某乙有可供执行财产，如我不能提供其他有效财产线索，就会终结本次执行程序。我现在应该如何应对是好？

赵律师： 张小甲先生，感谢您对广西万益律师事务所的信任，对于这个问题，万益律师有妙招，我们先来看看类似案例。

【案情简介】

申请执行人蓬福公司与被执行人智投公司侵害作品信息网络传播权纠纷一案，经当地法院作出生效判决，智投公司应向蓬福公司赔偿经济损失共计 16 万元。进入执行程序后，法院扣划了智投公司名下少量银行存款，再未发现有其他可供执行的财产，且智投公司已不在工商登记地办公，其法定代表

人亦下落不明，执行陷入困境。后蓬福公司代理律师多方调查，得知智投公司一直在运营某一网站，该网站每天均有不菲的广告收入，遂将该财产线索提交给法院。法院审查后认为该网站具有财产性质，作出了查封裁定并向网站运营商发送执行协助通知书。网站被查封后，法院将该网站域名进行了拍卖，最终帮助蓬福公司顺利实现了债权。

▷ 律师解析

一、虚拟财产的定义和执行依据

虚拟财产是无形财产的一种，它是指存储在网络服务器上的，能为人所拥有和支配，能够用现有的度量标准度量其价值的，具有财产价值的数字化新型财产，如一组数据、一个程序等，其具有一般商品的属性。目前，我国法律层面上尚未有对强制执行虚拟财产的明确性规定，但《民法典》第一百二十七条规定："法律对数据、网络虚拟财产的保护有规定的，依照其规定。"从《民法典》单独用一条规定来确认虚拟财产受法律保护这一细节可以看出立法层面上对虚拟财产的认可。同时，虚拟财产同样满足"能满足人的某种需要并可以用货币加以衡量，具有一定的使用价值和交换价值"的财产属性。所以，无论将其定位为"物权""债权""知识产权"或其他财产权益，虚拟财产属于财产范畴是无可争议的。据此，根据《民事诉讼法》（2017年修正）第二百四十二条的规定，虚拟财产与有形财产一样，可以强制执行。

二、执行虚拟财产注意要点

由于虚拟财产本身具有无形性及必须依附于一定平台的特点，相对于有形财产来说，法院强制执行虚拟财产将更为复杂，为保证司法的效率及收益，我们应当注意以下四个要点：

（1）优先穷尽实物的执行。虚拟财产依附于某一平台而存在，处置虚拟财产必然需要平台运营商的协助，与之相比，存款、不动产和动产等实物财产的价值更为明确，法院直接对其进行查控及处置更能保障申请执行人的权益。

（2）虚拟财产的估值。虚拟财产的价值在其所依附的平台中方能得以体现，如何确定其实际价值是一大难题。根据《财产处置规定》第二条的规定，采取当事人之间定价最为简便，但因为当事人之间对该虚拟财产认知的深度不同，对其价值的认定往往有很大差别，难以达成一致。此时，就需要通过询价或评估的方式来确认虚拟财产的价值，采取何种方式需要视虚拟财产的类型来决定。例如，虚拟财产为游戏道具的，则可以参考各大游戏交易平台市场价格、游戏运营商提供的交易价格来认定；而网站域名、微博账号、手机号码此类虚拟财产，其背后的价值难以通过询价确认，此时只能委托专业的评估机构进行评估。此外，若当事人之间均认可该虚拟财产的价值，可以考虑采取以物抵债的方式进行处置。

（3）及时处置虚拟财产。虚拟财产不同于实物财产，基于其依附于某一平台的特性，其价值随时可能因平台的原因发生巨大变动。比如，一件游戏装备，某一时段在游戏里属于极其稀有的存在，此时将其处置可能获得1000元的执行款，但某天游戏运营公司突然打了个补丁，这件装备可能就变得一文不值了；一个微博账号，正常运营时其评估价可能在10万元左右，但某一天该账号因发表不雅言论被封禁了，此时再处置该账号已毫无意义。所以，我们在发现被执行人的虚拟财产线索时，应当及时向法院提供并督促法院尽快将其变现。

（4）考虑处置虚拟财产的必要性和可行性。由于处置虚拟财产必然需要平台运营商的协助，在价值上又需要参考交易市场或委托评估机构进行评估确认，对于可能出现无益处置情况的虚拟财产需要综合判断处置的必要性。《文化部、商务部关于加强网络游戏虚拟货币管理工作的通知》第十三条规定："网络游戏运营企业不支持网络游戏虚拟货币交易的，应采取技术措施禁止网络游戏虚拟货币在用户账户之间的转移功能。"根据该条的立法精神，行政方面对于平台运营商不支持买卖虚拟财产是持支持态度的，如遇到此情形，此时是否能实际处分该虚拟财产需要根据个案研究确认。此外，部分虚拟财产依附的平台运营商与用户一开始签订的协议里明确约定"用户仅对平台账号拥有使用权，所有权归平台运营商所有"，如何申请执行该虚拟财产需要具体研究判断。

三、常见的虚拟财产类型

生活中常见的虚拟财产有：手机号、网站域名、网络游戏财产、网络平台直播收入、平台用户账号等。微信账户、支付宝账户内的可用于交易的类虚拟货币因类似于银行存款，实务中执行该类型财产的情况已不在少数，在此不再论述。

结　语

时至今日，网络虚拟财产交易市场已经无比巨大，如网络游戏"魔兽世界"中的"迅捷幽灵虎"坐骑，在游戏市场上曾经能卖出 2 万元人民币的价格；网络游戏"梦幻西游"一件"无级别装备"甚至能卖出几十万甚至上百万人民币的价格。由此也催生了一些专门进行游戏账号买卖、注册网络域名销售、微博账号和手机号买卖的"另类"产业。

相关规定

《中华人民共和国民法典》

第一百二十七条　法律对数据、网络虚拟财产的保护有规定的，依照其规定。

《中华人民共和国民事诉讼法》（2017 年修正）

第二百四十二条　被执行人未按执行通知履行法律文书确定的义务，人民法院有权向有关单位查询被执行人的存款、债券、股票、基金份额等财产情况。人民法院有权根据不同情形扣押、冻结、划拨、变价被执行人的财产。人民法院查询、扣押、冻结、划拨、变价的财产不得超出被执行人应当履行义务的范围。

人民法院决定扣押、冻结、划拨、变价财产，应当作出裁定，并发出协助执行通知书，有关单位必须办理。

《最高人民法院关于人民法院确定财产处置参考价若干问题的规定》

第二条　人民法院确定财产处置参考价，可以采取当事人议价、定向询价、网络询价、委托评估等方式。

《文化部、商务部关于加强网络游戏虚拟货币管理工作的通知》

第十三条　网络游戏运营企业不支持网络游戏虚拟货币交易的，应采取技术措施禁止网络游戏虚拟货币在用户账户之间的转移功能。

家庭成员财产

黄文柳　李　慧

案件进入执行程序，经法院查控后发现被执行人名下无可供执行财产，除了将被执行人纳入失信被执行人名单和采取限制消费措施外，是否就"竹篮打水一场空"了呢？让我们为您甄别哪些被执行人家庭成员的财产也属于可供执行财产。

 模拟场景

地　点：万益律所洽谈室

人　物：张小甲、广西万益律师事务所案件执行部赵律师

张小甲：赵律师您好，经法院生效判决，宋某丙应向我偿还 120 万元及相应利息，案件进入执行程序后，法院查控法院被执行人宋某丙无存款、无房产、无车辆、无证券、无股权、无保险，处于"六无"状态。在这种情况下，我是否只能等到法院"终结本次执行程序"的裁定书？我该如何是好呢？

赵律师：张小甲先生，感谢您对广西万益律师事务所案件执行部的信任，对于这个问题，万益律师认为，除了对被执行人名下的财产进行查控外，还可以申请法院对被执行人家庭成员的财产进行查控，以便全方位地甄别和判断被执行人是否有通过大额财产赠送、代持股权等方式转移或隐匿财产，营造无财产可供执行的假象。我们来看看以下案例。

【案情简介】

冰语传媒公司与杨某丁合同纠纷一案，某 A 法院判决杨某丁、季某甲向

冰语传媒公司偿还欠款 500 万元。进入执行程序后，某 A 法院经查控得知，杨某丁、季某甲夫妻二人名下不仅无可供执行财产，还涉及诸多债务。但冰语传媒公司的委托代理律师在调查中发现，杨某丁、季某甲生活奢靡，经常出入高级会所，故申请法院对被执行人其他家庭成员财产进行查控。经银行反馈，在杨某丁、季某甲两名未成年子女杨某梅和杨某惠名下，竟然有高达 1000 余万元的银行存款！于是，律师向法院申请对杨某梅和杨某惠名下银行账户予以冻结。

此后，季某甲以法定监护人身份代杨某梅和杨某惠向法院提起案外人异议，称上述存款是杨某梅和杨某惠个人所有，法院不应冻结杨某梅和杨某惠账户，要求法院对上述账户予以解封。季某甲上述异议被驳回后，其又提起了案外人异议之诉，请求法院确认杨某梅和杨某惠名下存款为其个人财产。

庭审上，代理律师出示了调查所得的杨某梅、杨某惠均为在校的未成年人，且无其他经济收益的证据，以证明两人银行账户内大额资金的存储和支配行为与两人实际年龄不符，应认定为其父母被执行人杨某丁、季某甲的财产。

法院经审理认为，案外人无充分证据证明杨某梅、杨某惠名下的该笔大额资金具有合法来源，应认定该笔大额资金的所有人为其父母，驳回其诉求。

最终冰语传媒公司依据法院这份判决实现了债权。

▣ 律师解析

1. 是否可以申请对被执行人未成年子女名下的大额存款予以执行

我国《民法典》第一千零六十二条第一款规定："夫妻在婚姻关系存续期间所得的下列财产，为夫妻的共同财产，归夫妻共同所有：（一）工资、奖金、劳务报酬；（二）生产、经营、投资的收益；（三）知识产权的收益；（四）继承或者受赠的财产，但是本法第一千零六十三条第三项规定的除外；（五）其他应当归共同所有的财产。"而未成年子女作为家庭成员之一，其名下财产除因自身原因而获得的奖励、继承、赚取的报酬等方式取得以外，不论来源于夫妻任何一方，皆有家庭共同财产的性质。对于家庭成员来说，银行账户内的存款来源完全可能是家庭财产或其他家庭成员的个人财产。特别是在被执行人对外有巨额负债，但其未成年人子女名下银行账户内却出现大额存款，与常理相悖，在不能说明其合法来源的情形下，可以推定存款所有人为未成年人的父母，属于家庭共有的财产。

因此，申请将被执行人未成年子女名下财产列入查控范围，如果发现未成年子女名下有与其年龄不相符的大额财产且无法说明正当来源的，应当认定为其父母的财产，法院可以予以执行。

2. 案外人对未成年子女名下大额存款来源有异议，则举证责任应该如何分配

《民事诉讼法解释》（2020 年修正）第九十三条规定："下列事实，当事人无须举证证明：（一）自然规律以及定理、定律；（二）众所周知的事实；（三）根据法律规定推定的事实；（四）根据已知的事实和日常生活经验法则推定出的另一事实；（五）已为人民法院发生法律效力的裁判所确认的事实；（六）已为仲裁机构生效裁决所确认的事实；（七）已为有效公证文书所证明的事实。前款第二项至第四项规定的事实，当事人有相反证据足以反驳的除外；第五项至第七项规定的事实，当事人有相反证据足以推翻的除外。"第三百一十一条规定："案外人或者申请执行人提起执行异议之诉的，案外人应当就其对执行标的享有足以排除强制执行的民事权益承担举证证明责任。"《民事诉讼法》（2017 年修正）第二百二十七条规定："执行过程中，案外人对执行标的提出书面异议的，人民法院应当自收到书面异议之日起十五日内审查，理由成立的，裁定中止对该标的的执行；理由不成立的，裁定驳回。……"

由此可见，案外人提出异议举证责任应由提出异议的案外人承担，其需要提供证据予以证明，否则将承担异议被驳回的法律后果。如前所述，未成年人名下的大额财产一般应具有家庭共同财产的性质，如果案外人主张该财产属于未成年人个人所有，并非家庭共同财产，那么应提供相应证据对财产的合法来源予以证明。

3. 是否只要是未成年子女名下的财产就都能认定是家庭共同财产，哪些情况下财产属于未成年子女的个人财产

虽然大多数情况下未成年人的资产来源都是依赖父母，但是随着互联网经济的发展，很多未成年人通过当小模特或者才艺比赛也是有经济收入的，这一部分的收入就属于未成年人个人的财产，如大家熟悉的 TFBOYS，小小年纪吸金能力非常强。还有长辈对未成年人的赠与，如房产赠与或者

其他动产的赠与，如名包、名表等，这部分的财产也属于未成年子女的个人财产，依据《民法典》第三十五条"监护人应当按照最有利于被监护人的原则履行监护职责。监护人除为维护被监护人利益外，不得处分被监护人的财产。未成年人的监护人履行监护职责，在作出与被监护人利益有关的决定时，应当根据被监护人的年龄和智力状况，尊重被监护人的真实意愿"的规定，这属于未成年人的合法财产，不能认定为家庭共同财产，因此不能申请执行。

结　语

被执行人的财产就像漂浮在海洋中的冰山，第一眼只能看到冰山一角，而绝大多数则隐藏在表面之下，被执行人的家庭成员的财产不仅局限于婚生子女，还有非婚生子女、被执行人的父母、兄弟姐妹等。当事人可委托律师深度挖掘被执行人深埋在"海面"之下的隐形财产，以早日实现债权利益。

相关规定

《中华人民共和国民法典》

第十七条　十八周岁以上的自然人为成年人。不满十八周岁的自然人为未成年人。

第十八条　成年人为完全民事行为能力人，可以独立实施民事法律行为。十六周岁以上的未成年人，以自己的劳动收入为主要生活来源的，视为完全民事行为能力人。

第十九条　八周岁以上的未成年人为限制民事行为能力人，实施民事法律行为由其法定代理人代理或者经其法定代理人同意、追认；但是，可以独立实施纯获利益的民事法律行为或者与其年龄、智力相适应的民事法律行为。

第二十条　不满八周岁的未成年人为无民事行为能力人，由其法定代理人代理实施民事法律行为。

第三十五条　监护人应当按照最有利于被监护人的原则履行监护职责。监护人除为维护被监护人利益外，不得处分被监护人的财产。

未成年人的监护人履行监护职责，在作出与被监护人利益有关的决定时，应当根据被监护人的年龄和智力状况，尊重被监护人的真实意愿。

成年人的监护人履行监护职责，应当最大程度地尊重被监护人的真实意愿，保障并协助被监护人实施与其智力、精神健康状况相适应的民事法律行为。对被监护人有能力独立处理的事务，监护人不得干涉。

第一千零六十二条 夫妻在婚姻关系存续期间所得的下列财产，为夫妻的共同财产，归夫妻共同所有：

（一）工资、奖金、劳务报酬；

（二）生产、经营、投资的收益；

（三）知识产权的收益；

（四）继承或者受赠的财产，但是本法第一千零六十三条第三项规定的除外；

（五）其他应当归共同所有的财产。

夫妻对共同财产，有平等的处理权。

《最高人民法院关于适用〈中华人民共和国民事诉讼法〉的解释》（2020年修正）

第九十三条 下列事实，当事人无须举证证明：

（一）自然规律以及定理、定律；

（二）众所周知的事实；

（三）根据法律规定推定的事实；

（四）根据已知的事实和日常生活经验法则推定出的另一事实；

（五）已为人民法院发生法律效力的裁判所确认的事实；

（六）已为仲裁机构生效裁决所确认的事实；

（七）已为有效公证文书所证明的事实。

前款第二项至第四项规定的事实，当事人有相反证据足以反驳的除外；第五项至第七项规定的事实，当事人有相反证据足以推翻的除外。

第三百一十一条 案外人或者申请执行人提起执行异议之诉的，案外人应当就其对执行标的享有足以排除强制执行的民事权益承担举证证明责任。

《中华人民共和国民事诉讼法》（2017 年修正）

第二百二十七条　执行过程中，案外人对执行标的提出书面异议的，人民法院应当自收到书面异议之日起十五日内审查，理由成立的，裁定中止对该标的的执行；理由不成立的，裁定驳回。案外人、当事人对裁定不服，认为原判决、裁定错误的，依照审判监督程序办理；与原判决、裁定无关的，可以自裁定送达之日起十五日内向人民法院提起诉讼。

养老金和理财金

廖可军　邓　琪

被执行人总是说无钱还债，却时不时在朋友圈晒着美食、美景以及美丽的心情——欠钱不还，居然还能理直气壮、有恃无恐到这种程度？除了将被执行人纳入失信被执行人名单和采取限制消费措施外，债权人是否就"竹篮打水一场空"了呢？

 模拟场景

地　　点：万益律所洽谈室

人　　物：张小甲、广西万益律师事务所案件执行部赵律师

张小甲：赵律师您好，我和宋小肖之前是多年好友，前几年他因为帮儿子宋清买婚房向我借了30万元，但是到了该还钱的时候，几经催促，他依然没还钱给我。无奈之下，我只好起诉到法院。经法院生效判决，宋小肖应向我偿还30万元及相应利息，但他一边说没钱还我，却一边时不时地在朋友圈晒出美食、美景，尽情享受他的"最美夕阳红"。难道欠钱不还，还能如此嚣张？经我多方核实，宋小肖在向我借钱之前就已经退休，而且他名下的房产、车辆等值钱的财产也都已经转到他儿子名下，即使案件进入执行程序，被执行人宋小肖属于无财产、无收入、无职业的"三无"退休老人，恐怕明面上是一毛钱也拿不出来啊！赵律师，这样的执行困境，该如何破局？

赵律师：张先生，感谢您对广西万益律师事务所案件执行部的信任，对这个问题，我们执行律师有妙招，先来看看类似案例。

【案情简介】

元巨公司与英某天金融借款合同纠纷一案中，法院判决英某天向元巨公司偿还贷款 100 万元。案件进入执行程序后，经法院查控，英某天名下无可供执行财产。但律师经调查发现，英某天每月有 8000 元的养老金，而且他还购买有理财产品。遂申请法院对其养老金、理财产品账户的资金予以冻结。

法院审查后认为，根据《民事诉讼法》第二百四十三条、《最高人民法院关于人民法院民事执行中查封、扣押、冻结财产的规定》第二条及《最高人民法院关于能否要求社保机构协助冻结、扣划被执行人的养老金问题的复函》的规定，被执行人的养老金应当视为被执行人在第三人处的固定收入，其购买的理财产品也具有财产属性，属于其责任财产的范围，故准许了元巨公司的申请，对英某天的养老金账户、理财产品及账户进行了冻结，元巨公司的债权顺利得到执行。

▷ 律师解析

1. 被执行人为离、退休职工的，能否执行社保机构发放给被执行人的养老金

可以。被执行人应得的养老金应当视为被执行人在第三人处的固定收入，属于其责任财产的范围，依照《中华人民共和国民事诉讼法》（2017 年修正）第二百四十三条之规定，人民法院有权冻结、扣划。但是，在冻结、扣划前，应当预留被执行人及其所抚养家属必需的生活费用；社会保障机构作为养老金发放机构，有义务协助人民法院冻结、扣划被执行人应得的养老金；在执行被执行人的养老金时，应当注意向社会保障机构做好解释工作，讲清法律规定的精神，取得理解和支持。如其仍拒绝协助的，可以依法制裁。

参照依据：《最高人民法院关于能否要求社保机构协助冻结、扣划被执行人的养老金问题的复函》（〔2014〕执他字第 22 号）。

2. 被执行人购买的理财产品能否执行

可以。金融理财产品是银行业金融机构及其他金融机构发行的具有财产价值和理财性质的产品，应当属于被执行人的责任财产范围。依照《中华人民共和国民事诉讼法》第二百四十三条、《最高人民法院、中国银行业监督管

理委员会关于人民法院与银行业金融机构开展金融理财产品网络执行查控的意见》之规定，人民法院有权冻结、扣划。

结　语

养老金、理财金亦属于被执行人的可供执行的财产范围，善于发现被执行人的这些特殊财产可能会使原本已经陷入僵局的案件峰回路转、柳暗花明。但这些财产相对于其他财产而言具有其特殊性，特别是在领取方式上具有独特性。这就要求法院对该部分财产进行冻结或划扣时，注意采取合理、合规的执行措施，以避免相关人员提出异议，导致案件久拖不决。

相关规定

《中华人民共和国民事诉讼法》（2017 年修正）

第二百四十三条　被执行人未按执行通知履行法律文书确定的义务，人民法院有权扣留、提取被执行人应当履行义务部分的收入。但应当保留被执行人及其所扶养家属的生活必需费用。

人民法院扣留、提取收入时，应当作出裁定，并发出协助执行通知书，被执行人所在单位、银行、信用合作社和其他有储蓄业务的单位必须办理。

《最高人民法院关于人民法院民事执行中查封、扣押、冻结财产的规定》（2020 年修正）

第三条　人民法院对被执行人下列的财产不得查封、扣押、冻结：

（一）被执行人及其所扶养家属生活所必需的衣服、家具、炊具、餐具及其他家庭生活必需的物品；

（二）被执行人及其所扶养家属所必需的生活费用。当地有最低生活保障标准的，必需的生活费用依照该标准确定；

（三）被执行人及其所扶养家属完成义务教育所必需的物品；

（四）未公开的发明或者未发表的著作；

（五）被执行人及其所扶养家属用于身体缺陷所必需的辅助工具、医疗物品；

（六）被执行人所得的勋章及其他荣誉表彰的物品；

（七）根据《中华人民共和国缔结条约程序法》，以中华人民共和国、中华人民共和国政府或者中华人民共和国政府部门名义同外国、国际组织缔结的条约、协定和其他具有条约、协定性质的文件中规定免于查封、扣押、冻结的财产；

（八）法律或者司法解释规定的其他不得查封、扣押、冻结的财产。

第五条　对于超过被执行人及其所扶养家属生活所必需的房屋和生活用品，人民法院根据申请执行人的申请，在保障被执行人及其所扶养家属最低生活标准所必需的居住房屋和普通生活必需品后，可予以执行。

《最高人民法院关于能否要求社保机构协助冻结、扣划被执行人的养老金问题的复函》

一、被执行人应得的养老金应当视为被执行人在第三人处的固定收入，属于其责任财产的范围，依照《中华人民共和国民事诉讼法》第二百四十三条之规定，人民法院有权冻结、扣划。但是，在冻结、扣划前，应当预留被执行人及其所抚养家属必需的生活费用。

二、《中华人民共和国民事诉讼法》第二百四十二条规定："人民法院决定扣押、冻结、划拨、变价财产，应当作出裁定，并发出协助执行通知书，有关单位必须办理。"本院《关于人民法院执行工作若干问题的规定（试行）》第36条也规定："被执行人在有关单位的收入尚未支取的，人民法院应当作出裁定，向该单位发出协助执行通知书，由其协助扣留或提取。"依照前述规定，社会保障机构作为养老金发放机构，有义务协助人民法院冻结、扣划被执行人应得的养老金。

三、在执行被执行人的养老金时，应当注意向社会保障机构做好解释工作，讲清法律规定的精神，取得理解和支持。如其仍拒绝协助的，可以依法制裁。

最高人民法院、中国银行业监督管理委员会《关于人民法院与银行业金融机构开展金融理财产品网络执行查控的意见》

一、本意见所称金融理财产品（以下简称理财产品）是指被执行人所持有的银行业金融机构（以下简称银行）及其他金融机构发行的具有财产价值和理财性质的产品。包括金融机构直销和代销的银行理财产品、信托产品、基金产品、保险产品、资产管理计划产品等。其中金融机构直销的理财产品是指金融机构自有研发、设计、发行并通过本机构渠道（含营业网点和电子渠道）销售的理财产品。

二、人民法院在执行被执行人持有的理财产品时，银行应当依法予以协助。

预付卡

廖可军　阙浩博

　　查找被执行人的财产一直是执行程序中的一大难题，广西万益律师事务所案件执行部带来对购物券或消费卡等"预付卡"的执行攻略，助您走出被执行人名下无可供执行财产的困境。

 模拟场景

　　地　点：万益律所洽谈室
　　人　物：张小甲、广西万益律师事务所案件执行部赵律师
　　张小甲：赵律师您好，我和刘某乙之间的民间借贷纠纷案，法院判决刘某乙向我返还欠款 10 万元及相应利息，但判决生效后刘某乙却不履行判决义务，我只好向法院申请强制执行，但法院查控后却未发现其任何可供执行的财产，需要我提供财产线索。这种情况下，我该如何是好？
　　赵律师：张小甲先生，感谢您对广西万益律师事务所的信任，对于这个问题，万益律师有妙招，我们先来看看类似案例。

【案情简介】
　　申请执行人周某如与被执行人成某昆民间借贷纠纷一案，某 A 法院作出生效判决，成某昆应向周某如返还欠款 20 万元及利息。因成某昆未按期履行法定义务，周某如向法院申请强制执行。执行过程中，法院轮候查封了成某昆名下的一套房产后，未发现其他可供执行的财产，因房屋暂不具备处置条

件，法院遂依法终结该案件的本次执行。后周某如的代理律师调查发现成某昆因犯洗钱罪已被某 B 法院判处有期徒刑及罚金，同时，因成某昆没有钱缴纳罚金，某 B 法院将已扣押的成某昆的大量超市、商城购物卡进行拍卖。代理律师得知这一情况后遂向某 A 法院报告，并向某 B 法院发函要求就拍卖的上述购物卡所得的款项优先偿还周某如的债权。某 B 法院审查后发现成某昆除了尚欠周某如的款项外未有其他债务，遂认可了代理律师的意见，将拍卖所得款项优先支付给了周某如。

律师解析

一、预付卡的财产性质及可执行性

我们生活中常见的购物卡、消费券、加油卡、充值会员卡等实际就是"预付卡"，它是指以营利为目的发行的，在指定范围内购买商品或服务时能够作为支付手段的凭证，通常包括采取磁条、芯片等技术的实体卡和以密码、生物特征信息、串码等形式发行的电子卡。

预付卡分为可跨地区、跨行业、跨法人使用的多用途预付卡和只在发行机构或同一品牌连锁商业企业购买商品、服务的单用途预付卡，上述案例所述购物卡即为单用途预付卡，本文仅针对单用途预付卡的可执行性展开论述。

单用途预付卡限定了特定的使用条件，且必须向特定的商家主张，加之其本身具有一定票面价值并可以转让，此时可类比于有价证券；同时大部分单用途预付卡实行谁持有谁可主张的制度，此时也可将其视为一种债权凭证。

根据《民事诉讼法》（2017 年修正）第二百四十二条的规定，可以对被执行人持有的预付卡采取强制执行措施。

二、预付卡的执行处置方式及原因

法院在执行预付卡的时候，是否可以直接让商家将卡内金额退还，从而达到执行目的呢？答案是否定的。

预付卡不等同于金钱，商家发行预付卡是基于与给付人之间的合同关系，在合同合法有效的情况下，合同双方均受法律保护。因此，法院执行预付卡时通常是采用拍卖的形式，在符合法定程序的同时，也便于告知其他债权人，保障其他债权人的参与分配权利。

三、执行预付卡的可行性操作

对于不记名类的预付卡，商家通常是见卡即需履行义务，此时要准确判断是否属于被执行人的财产难度较大，但若已有生效判决对此进行了确认，此时我们可向法院申请执行、参与分配或优先受偿。

对于记名类的预付卡，虽然该类卡仍可供他人使用，但鉴于商家是直接与被执行人达成的合同关系，我们可以参照执行到期债权的方式向法院申请向商家发出协助执行函，冻结该卡后再进一步通过商家的协助对该卡进行处置。

结 语

鉴于预付卡的特殊性及其面额通常较小的特点，往往容易被我们忽略，但作为专业处理强制执行案件的律师，"搜山检海"是我们的本职工作，任何被执行人的财产线索都值得我们关注。

相关规定

《中华人民共和国民事诉讼法》（2017 年修正）

第二百四十二条 被执行人未按执行通知履行法律文书确定的义务，人民法院有权向有关单位查询被执行人的存款、债券、股票、基金份额等财产情况。人民法院有权根据不同情形扣押、冻结、划拨、变价被执行人的财产。人民法院查询、扣押、冻结、划拨、变价的财产不得超出被执行人应当履行义务的范围。

人民法院决定扣押、冻结、划拨、变价财产，应当作出裁定，并发出协助执行通知书，有关单位必须办理。

《最高人民法院关于刑事裁判涉财产部分执行的若干规定》

第十三条 被执行人在执行中同时承担刑事责任、民事责任，其财产不足以支付的，按照下列顺序执行：

（一）人身损害赔偿中的医疗费用；

（二）退赔被害人的损失；

（三）其他民事债务；

（四）罚金；

（五）没收财产。

债权人对执行标的依法享有优先受偿权，其主张优先受偿的，人民法院应当在前款第（一）项规定的医疗费用受偿后，予以支持。